人と組織を思い通りに動かす技術

Political
ポリティカル・スキル
Skill

マリー・マッキンタイヤー＝著
桜田直美＝訳

SB Creative

Secrets to Winning at Office Politics:
How to Achieve Your Goals and Increase Your Influence at Work

Published by arrangement with St. Martin's Griffin through Tuttle-Mori Agency, Inc.

夫のジョンへ
愛、励ましの言葉、友情、そして笑いという
かけがえのない贈り物をどうもありがとう

Explanation

［解説］ 箕輪厚介

社会で何かを成すためには、いかに人間の感情や行動原理に対して、繊細な想像力を持っているかが激しく問われる。

政治家であれば国民の気持ちが分からなければ国を統治できないし、起業家であればユーザー心理を理解しなければ儲かるプロダクトは作れない。そして組織人であるなら社長や上司、同僚の気持ちを想像できないと、やりたい仕事はできない。

だから社内政治を小馬鹿にしたり、悪だと言ったりする人を見ると、この人はそもそも仕事ができないんだろうなと感じてしまう。

あなたの最初のお客さんは社内にいるのだ。

僕はサラリーマンとして会社に所属しながら、副業で給料の何倍も稼ぎ、さらにはラーメン屋やサウナ屋を経営している。

多分日本で一番自由なサラリーマンだ。

それは会社が寛容でいてくれるのと、会社で利益を残しているからではあるが、なによりも社内政治をしっかりやっているからだ。

それはゴマをすったり媚を売ったりすることではない。

目的遂行するために、相手が何を望んでいるかを分析し、仲間を巻き込み、敵に妨害させないことだ。

僕は感覚的にやっていたが、本書を読んで驚いた。

社内政治が科学的に、見事に言語化されていた。

どれほど才能があっても、社内政治を軽んじてしまえば、得たい結果は得られない。

本書を片手に輝かしい未来を勝ち取ってほしい。

Contents

［目次］

Part 1

「組織スキル」の極意

Part 2

「組織の力学」の落とし穴にはまらないために

Part 3

組織において主導権を手にする

［ 謝辞 ］

このたび、本書の日本語版が出版されることになったのは、ひとえにSBクリエイティブの編集者である小倉碧さんのおかげです。彼女は英語の原書を読み、そこに書かれている提案や戦略は、日本の読者にとっても大きな助けになるはずだと確信してくれました。本書の出版のために多大な尽力をしてくれたことに心から感謝します。碧、どうもありがとう！

また、原書の出版社であるセント・マーティンズ・グループで国際版権ディレクターを務めるマルタ・フレミングにも感謝の意を表したいと思います。彼女は版権のプロセスでとても貴重な働きをしてくれました。私のエージェントであり、この本の価値を最初に信じてくれたファーリー・チェイスにも変わらぬ感謝を。彼のスキルと導きがなかったら、私の頭の中にあったアイデアがこうして形になることはなかったでしょう。

夫のジョン・ギャムズは、この本の最初にして最良の批評家でした。私が最初の草稿に取り組んでいる間、彼はすべての章を最低でも2回は読んで貴重なフィードバックを提供し、さらに最終稿にも目を通してくれました。生涯の友であり、組織での経験がとても豊富なゲイル・ロジャーズも、たくさんの役に立つ修正を提案してくれました。

他の家族の存在も忘れるわけにはいきません。まず亡き両親、ビルとキャサリン・マッキンタイアーに永遠の感謝を捧げます。2人は私にとって、職場での人間関係で成功する方法を教えてくれた最初のロールモデルでした。兄弟のマイケル・マッキンタイアーは、いつも変わらず私を支え、励ましの言葉とユーモアを届けてくれます。最後に、フーバー家の人々、キャサリン、スティーブ、マリー、アレックス、カミーユ、ザッカリーに愛と感謝を。彼らがどんなに私の人生を豊かにしてくれているか、本人たちには想像もつかないでしょう。家族に関しては、私は本当に恵まれた人間です。

この本にとってもっとも大切な存在は、私のコーチングのクライアントたちです。彼らは職業も、働く組織も、国籍も実にさまざまであり、私にとても多くのことを教えてくれました。みなさん、本当にどうもありがとう。私がこの仕事を愛しているのは、あなたたちのおかげです。この本で紹介している洞察の多くは、あなたたちが私と共有してくれた問題、不満、成功、戦略から生まれました。この本の読者も、あなたたちの経験から大きな恩恵を受けることができるでしょう。

この本を書こうと決めたきっかけは、今でもはっきりと覚えています。それはとあるミーティングに出席し、知的で有能なマネージャーが自分自身のキャリアを台無しにするのを目撃したときのことでした。

経験豊富なエグゼクティブのエリックは、新しい上司を毛嫌いしていました。そのミーティングでエリックは、上司を嫌う気持ちをまったく隠そうとしませんでした。上司が何か発言するたびに、言葉や態度でことごとく否定するのです。エリックはすでに周りから助言を受けていました。同僚も、人事部のマネージャーも、さらには彼の妻さえも、上司へのあからさまな敵意は隠したほうがいいと伝えました。そうでないと、エリック自身が仕事を失ってしまう恐れがあったからです。そして2カ月後、大方の予想通り、エリックは解雇されました。

多くの人が、ただ単に組織の力学が理解できていないという理由で、職場で問題を抱えて苦労しています。彼らは環境を正確に「読む」ことができず、自分の行動の結果を予測することもできない。あるいは、ネガティブな感情をコントロールするスキルや、懸念を冷静に話し合うスキルがまだ身についていないという人もいるでしょう。エリックがもっと冷静で、自分の目標に集中し、もっと賢いコミュニケーション戦略を選んでいたら、解雇されることもなかったかもしれません。

私たち人間にとって、**仕事は幸せな人生に欠かせない要素の1つ**です。この地球上に暮らす他の生物とは異なり、人間には生きる目的が必要です。自分にとっての意義深い活動は、お金がもらえるものかもしれないし、もらえないものかもしれない。家の中の活動かもしれないし、家の外の活動かもしれない。

いずれにせよ、私たちの多くにとって、人生の意義と仕事との間には密接な関係があります。そんな仕事の場に「政治」の問題が存在すると、そのせいで働く喜びや達成感が損なわれ、むしろ不満や失望ばかりを感じ、失敗につながってしまうかもしれない。

しかし、ありがたいことに、職場に存在する複雑な力学や組織の仕組みをきちんと理解すれば、こういった問題は解決することができます。あるいは、そもそもそんな問題とは無縁ですごすこともできるかもしれません。

組織の中には必ず人間関係の悩みがある

私は、さまざまな組織で働くクライアントたちと一緒に仕事をしてきました。その結果わかったのは、どんな組織でも同じような問題が頻発《ひんぱつ》しているということです。たとえば職場では、次のようなタイプの人をよく見かけます。

- **自分の上司は無能だ、不公平だ、理不尽だと感じている人たち**
- **上司や経営陣から何を期待されているかがわからず、混乱し、不安を抱えている社員**
- **忙しすぎる、自分の貢献が認められないと感じ、不満を抱えて燃え尽きてしまう社員**
- **仕事のスタイルが根本的に違うために、しょっちゅうぶつかっている同僚たち**
- **利害の衝突から争いに発展した同僚たち**
- **仕事のできない部下をどう扱っていいかわからず、イライラしている上司**
- **自分は何らかの形で不当に扱われていると感じている、本当にたくさんの人たち**

彼らが経験している不幸は、それが何であれ、どれも例外なく**「組織の力学」が原因になっています**。いわゆる「社内政治」は特別なものではなく、通常の仕事の一部であり、仕事として管理しなければならないということに気づけば、組織の仕組みを理解するのは仕事に欠かせないスキルであるということも、すぐに納得できるでしょう。

ここでのいいニュースは、ほぼすべての人にとって、このスキルは学んで身につけられるということです。

組織心理とキャリアのプロフェッショナルとして

あなたはもしかしたら、「この人は私の状況を知らないのに、なぜ私の助けになれるかのようなことを言うのだろう」と、不思議に思っているかもしれません。まず私には、多種多様な職場で働いてきた経験があります。それに加えて、心理学と組織開発も専門的に学びました。その結果、幅広い知識を身につけ、組織の仕組みや力学、そして組織での成功に必要なものを深く理解できるようになったのです。

私のキャリアで一貫しているのは、「人々と仕事の関係」というテーマに取り組んできたことです。キャリアの初期は、職業カウンセラー、リーダーシップ・トレーナー、部署のマネージャー、人事ディレクターといった職業や役職を経験しました。その後、仕事を辞めて大学に戻り、心理学の博士号を取得すると、今度は自分のビジネスを始めました。事業の内容は、組織を対象にしたコンサルティングと、個人を対象にしたキャリアコーチングです。

コンサルティングのビジネスでは、多くの企業と一緒に仕事をしてきました。業種も、通信、ソフトウェア、小売、食品加工、医療、広告、会計、保険、製薬、製造など多岐にわたっています。さらには政府機関、NPO、専門職の個人事業主のクライアントもいます。

また、個人を対象にしたコーチングでは、バーチャルのキャリア相談を中心に行ってきました。バーチャルという特性上、世界中とつながることができるために、驚くほど多種多様な背景を持つクライアントを持つことができたのは幸運でした。日本、オーストラリア、カナダ、韓国、イギリス、ケニア、インド、フランス、シンガポール、ロシア、中国をはじめ、本当に多くの国や地域の人たちと一緒に仕事をすることができました。ビジネスの慣習やしきたりは国によって異なるので、職場では文化の違いを考慮することも重要になります。

私たちには組織で生きるための教えが必要だ

私はワークプレイス心理学者として、さまざまな職業の人々がキャリアの問題を最善の方法で解決する手助けをしています。クライアントとの会話には守秘義務があるので、彼らも安心して悩みや不満を打ち明けてくれます。

無能な上司、不当な扱い、問題のある部下、軌道《きどう》を外れてしまったプロジェクト、足を引っぱる同僚。たとえこんな状況でも、組織で生きるためのスキルを教えてくれるメンターがいれば、問題を違う角度から眺《なが》めたり、より広い視野で可能な解決策を考えたりすることができるでしょう。

私がこの本を書いた目的は、そんなメンターと同じような役割を読者のために果たすことです。状況に対する見方を変え、新しい戦略やアプローチを模索し、自分が自分にとっての最悪の敵になってしまうような事態を避ける。組織の力学を理解する、相手や状況への期待を変える、違う視点から状況をとらえてみるといったことだけで、問題を解決できる人もいるでしょう。あるいは、自分自身の行動パターンを変えることや、同僚や上司との建設的な話し合いが必要な人もいるかもしれません。この本のアドバイスが、あなたの悩みを解決する一助になれれば幸いです。

本書の原書が出版されたのは、もうだいぶ前のことになります。それ以来、世界では多くのことが変化しました。それでも、組織の仕組みや力学は以前とほぼ同じであり、組織で生きるための基本的なスキルはほとんど変わっていません。あなたには、あなた自身の個人の目標や仕事の目標があると思います。本書がその目標を達成する助けになり、仕事があなたにとってより楽しく、より意義深い体験になることを願っています。

本書で紹介している実例について

私たち人間は、抽象的な概念よりも、現実の出来事からより多くのことを学ぶものです。そこで本書では、学習の助けとして、豊富な実例を紹介することにしました。登場する例はどれも完全な実話であり、私のコーチングのクライアントたちが実際に体験したことです。ただし、コーチングの仕事には厳格な守秘義務があるため、登場する人物の名前、役職、職業は、すべて架空のものに変えてあります。

私のクライアントの中には、この本を読んで、「これは私のことに違いない」と感じた人もいるかもしれませんが、覚えておいてもらいたいのは、多くの人が似たような問題や葛藤、困難を経験するということです。そのため、他の人の体験の中に自分の姿を見るということも、決して珍しくはありません。

私のコーチングのクライアントたちは、本書とその読者に多大な貢献をしてくれました。私自身も、彼らのおかげで組織の力学をより深く学ぶことができました。彼らには心から感謝しています。

POLITICAL SKILL

Part 1

「組織スキル」の極意

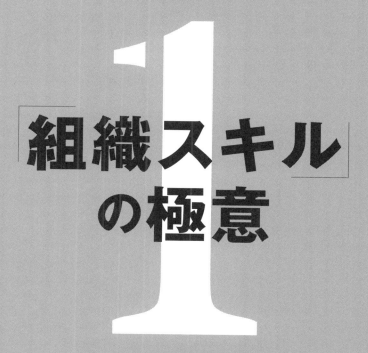

［第1章］……「組織で自由に働く人」だけが知っている組織で生きるためのスキル

一般的に、私たちが「政治的駆け引き」という言葉を組織内部で使うのは、他人の行動について語るときだけです。他人に対しては、「上司に取り入る」、「悪巧み」などの言葉を使いますが、その同じ言葉を自分に対して使うことは絶対にありません。自分の場合は、上司に取り入るのではなく人間関係を築いているのであり、悪巧みではなく戦略的に思考しているだけだというわけです。

「政治的駆け引き」と聞くと、多くの人は、他人を引きずり下ろす作戦や、あからさまな自己アピールを連想します。しかし現実の「政治的駆け引き」は、人間が集まれば自然に起こるものなのです。目標、興味、性格の違う人たちが集まれば、それらを調整するための政治がどうしても必要になります。

毎日の仕事は利害関係の調整の連続です。それ自体は、いいものでも、悪いものでもありません。そして、その結果がどうなるかは、すべて関係者の動機と目標で決まります。

組織スキルがあれば、すべてが手に入る

ここでは、そんな駆け引きを「組織で生きるためのスキル」と呼ぶことにしましょう。私たちは、社会に出て働くようになったその日から、組織の仕組みや力学の洗礼を受けます。頭一つ抜けた存在になるためには、ただ卓越した仕事をするだけでは不十分です。やっかいな上司や同僚ともうまくやっていかなければなりません。

同僚に仕事のミスを指摘したら、おそらく彼らは反論してくるでしょう。あなたをライバル視する人は、平気で背後から刺そうとする。上司は理不尽な決定、あるいは完全に頭がおかしいとしか思えない決定をする。このような現実に対処する術を身につけ、さらに上を目指すには、組織スキルの教育を受けることがどうしても必要になります。組織の力学はすべての職場に存在します。つまりあなたも、**仕事を始めたまさにその日から、自動的に組織サバイバルゲームのプレーヤーになる**ということです。

このゲームにおける勝利とは、自分にとって意味のある目標を達成するために必要な組織スキルを手に入れることです。ときに私たちは、成功とは誰よりも早く組織で上り詰めることに他ならないと考えますが、すべての人が出世に興味を持っているわけではありません。自立、

安定、責任、スキルの向上、挑戦、仕事のおもしろさなど、人々が仕事に求めるものは他にもたくさんあります。

私は最近、民間企業と公的機関で働く人220人を対象に、組織スキルについての調査を行いました。たとえば、「いわゆる『政治力』があると言われる人には、どんな能力があると思いますか？」という質問では、次ページにあげたような回答がありました。

これらの回答からは、ある共通のテーマが見えてきます。つまり**組織スキルとは、自分の欲しいもの（それが何であれ）を手に入れる能力**ということです。そして、欲しいものを手に入れるには、他者に影響を与えなければなりません。

自らの優秀さをアピールしたがることは、組織スキルのない人に典型的な失敗です。無意識のうちに敵対的な人間関係をつくり出し、それがキャリアの大きな足かせになってしまっています。

組織で生き残り、圧倒的な成果を出すためには、ゲームプランがカギになります。しかし多くの人は、それをおおっぴらに語ることに抵抗を覚えてしまう。明確な目標のある戦略であるにもかかわらず、「陰謀」や「悪巧み」のような印象を与えるからです。

賢明なメンターであれば、自らをアピールしたがる部下に対して、あからさまに能力を誇示するのは控えて、もっと同僚のサポートに回ったほうがいいとアドバイスするでしょう。この

POLITICAL SKILL

Figure
#001

- 自分が担当するプロジェクトを社内で優先してもらえる
- 偉い人とゴルフができる
- 経営陣に影響力がある
- 自分のオフィスを持っている
- 通常の手順を飛び越えることができる
- 出世が早い
- いちばん難しい仕事を任される
- 他の人よりも評価される
- 結果を出す
- 大きな障害があっても仕事をやり遂げる
- 経営陣を説得してプロジェクトにゴーサインを出してもらえる
- 変化を起こす力になる
- 周りの人の力を引き出す
- プロジェクトに注目を集める
- より多くの予算を確保する
- 部下のためにより多くのリソースを確保する
- トラブルに巻き込まれない
- 自分のアイデアを聞いてもらえる
- 他の人が昇給しなくても自分だけ昇給する
- 変化を生き残る

アドバイスに陰謀めいた側面は何もありません。ただ実用的なだけです。それに、ビジネスにとってもプラスになる。同僚同士がより協力して働くようになれば、周りからの印象がよくなるだけでなく、部署全体の生産性も上がるでしょう。

もちろん、そうやって控えめにふるまいながらも、上の人たちに自分の存在を知ってもらうのは大事なことです。だからスキルを披露するチャンスを逃してはいけません。ただ、それをあからさまにやってはいけないというだけです。

力のある人から支持されていれば、どんな場合でも目標を達成する確率は高くなります。逆に、彼らがあなたを知らなければ、手助けのしようもありません。適切な形で自分の存在を知らしめるのは、間違いなく賢い行動です――ただし、ここで戦略を間違えると、周りから眉をひそめられることになります。

生まれつき数学や音楽やゴルフの才能に恵まれている人がいるように、組織スキルにも生まれつきの才能があります。本能的な組織スキルが職場で有利に働くのは、身体能力の高さがスポーツの世界で有利に働くのと同じことです。

とはいえ、ゴルフならレッスンを受ければスコアを上げることができますが、それがオフィスでの組織スキルとなると、教えてくれる人を見つけるのはとてつもなく難しい。職場で「組織を生きるための戦略」についておおっぴらに語るのはタブーとされているので、組織スキルの問題を抱える人は、たいてい黙って苦しむことになります。

この本が目指しているのは、あなたが組織の仕組みや力学を理解し、その知識を生かせるようになることです。そのため、組織スキルの「秘密」について正々堂々と議論し、成果につながるような態度、行動、アプローチを、できるだけ具体的に描写するように努力しました。

それではここで、１つ目の教えを授けましょう。それは、**「組織力学の勝者になるには、まず自分の目標を明確に定義しなければならない」**というものです。

すべての出発点は「自分の欲求」を把握することから

働く人たちを集めて、「あなたはなぜ働くのですか？」と尋ねたとしましょう。どんな答えが返ってくると思いますか？ 多くの人にとって、真っ先に頭に浮かぶ答えは「お金」でしょう。とはいえ、仕事が与えてくれる利点は、経済的な安定だけではありません。他にもまだたくさんあります。

たとえば、新しいスキルを学べる、自分と似たタイプの人たちと交流できる、自分が達成したことに誇りを持てる、意義のある目的に貢献できるといったことも、仕事が与えてくれる利点になるでしょう。もちろん、私たちはよく仕事の文句を言い、いつも休暇を心待ちにしていますが、それでもほとんどの人にとって、仕事は単なるお金を得るための手段ではなく、それ以上の存在です。

仕事に対して、まったく正反対の目標を持つ人を考えてみましょう。1人はキャリアの目標が明確に定まっていて、自他ともに認める野心家、目標駆動型の人物です。もう1人は、仕事はお金のためと割り切っていて、趣味やコミュニティー活動に生きがいを見出しているタイプです。前者に比べて後者のタイプは一見、仕事に何の関心もなさそうですが、そんな人でもよく話を聞けば、今の仕事を長く続けること、できるだけ楽しく仕事をすることを目標として持っていたりします。

この状況を組織スキルという観点から考えると、前者に必要なのは次の昇進に備えることであり、後者に必要なのは今の仕事でもう少し責任を増やしてもらうか、あるいはもっとやりがいのあるポジションに変わることです。

私はワークプレイス心理学者なので、仕事で何らかの悩みを抱えている人から相談を受けることがよくあります。キャリアの次の一歩をどうするか決めあぐねている人もいれば、高圧的な上司に腹を立てている人もいる。重要なプロジェクトから外された、同僚が非協力的だ、新しい仕事が難しそうなので失敗するのが怖い、上層部に自分のアイデアを売り込む方法がわからない、仕事のストレスで燃え尽き気味だ、など、他にもさまざまな悩みがあります。

そんなとき、私はまず悩みについて話し合い、次にこんな質問をします。「この状況で、あなたが個人的に目指しているものは何ですか？」。もし答えがわからなかったら、**まず目標を決めることが出発点になる**でしょう。なぜなら、それに続く決断や行動は、すべて彼ら自身の欲求から生まれる必要があるからです。

昔からよく言われているように、「自分の行き先がよくわからないなら、おそらく行き先ではない場所にたどり着くだろう」ということです。目標を決めるときは、考慮したほうがいい事柄がいくつかあります。

- **今の組織にとどまりたいか？　それとも他に働く場所を見つけるか？**
- **今と同じ分野の仕事を続けるか？　それとも新しい分野に進出するか？**
- **もっと良好な上司との関係を望んでいるか？**
- **今よりもやりがいがある仕事、興味深い仕事を与えてほしいか？**
- **昇進すること、もっと大きな責任を与えられることに興味はあるか？**
- **自分の貢献や業績をもっと認めてほしいと思っているか？**
- **ある特定の人たち、あるいは特定の部署との関係を改善したいか？**
- **今の仕事を続けているのは、ただ老後も安心して暮らすためのお金を貯めたいからか？**

組織スキルを高めれば、あなたにとって大切な目的が何であれ、それを達成できる確率を上げることができます。しかしその前に、まず自分が何を目指すのかを明確にしなければなりません。ここで大切なのは、**「目標」と「願望」をきちんと区別する**ことです。

「願望」ベースから「目標」ベースに思考を切り替える

仕事で何らかの問題を抱えると、私たちはよく「目標」ではなく「願望」ベースで考えてしまいます。

「願望」は受動的な態度であり、簡単に不平不満に堕《だ》してしまいます。一方で「目標」には、必要な行動を明確にしてくれる力がある。願望にかける時間が増えるほど、何か実のあることを達成するための時間は少なくなるでしょう。しかしありがたいことに、願望の中には、たいてい「目標」のヒントが含まれているものです。

以前、ある企業のCEOから依頼を受け、同社の幹部であるジェフという人物のコーチングをすることになりました。ジェフはCEOにとって大きな頭痛の種になっていました。

組織再編があり、ジェフの直属の上司は新規に採用された副社長に代わったのですが、それでもジェフは以前と変わらずCEOにだけ報告を続け、新しい上司からの指示をほとんど無視していたのです。さらにCEOに聞こえることを承知のうえで、この新しい状況に対する不平や皮肉を漏《も》らしていました。

ジェフに会って話を聞くと、彼は現状への不平不満を延々と話し続けました。無能な経営陣、愚かな決断、全般的な不公平さ。そこで私は、いちばん大切な質問をしました。「ジェフ、この状況であなたはどんな結果を望んでいますか？　あなたの目標は？　この会社でキャリアを積んでいくつもりですか？　それとも転職を考えていますか？」

もしジェフが今の会社に幻滅し、もっといい環境を求めているなら、転職のために人脈づくりなどの活動を始めなければなりません。あるいは、この会社にとどまるつもりなら、協力的で、会社に貢献してくれる人材だと、経営陣から見なされる必要があります。

ジェフの希望は今の会社にとどまることでしたが、以前の状況に戻りたいとも思っている。それが彼の目標なら、次に考えるのは、「どうすれば希望の状況を実現できるか？　今の態度は目標を実現する助けになっているか？」ということでしょう。

今の会社に残ると決めたのなら、そのために必要な行動もはっきりします。新しい上司も含め、周りの人たちとの関わり方を変えなければなりません。協力的で、仕事に熱意を持っているエグゼクティブなら、この状況でどんな行動を取るだろう？　ジェフは常にこの基準を念頭に置き、意識的に自分の態度を選ぶようになりました。その結果、経営陣との関係を修復し、再びキャリアを軌道に乗せることができたのです。

「願望」とは、「自分以外の人たち」に何かをやってもらいたいと願うことです。その一方で「**目標」は、自分ができることにフォーカスしている**。願望にとらわれていると、他人や周りの状況に振り回されるだけの犠牲者になってしまいます。しかし目標があれば、達成したいことが明確なので、自分が力を持つ立場になれる。

目標は行動を起こすきっかけになりますが、願望はただ座って、何かが起こるのを待つだけの結果に終わります。もちろん、願望を目標に変換し、具体的な計画を立てても、欲しいものが必ず手に入るわけではありません。それでも、手に入る確率が上がることだけは間違いないでしょう。

組織に生息する人間の種類は4タイプ
——「成功者」「殉教者」「背徳者」「愚か者」

一般的に、仕事の目標は「ビジネス」と「個人」の2つのカテゴリーに分けられます。ビジネスの目標とは、期待されている結果を出す、問題を解決する独創的なアプローチを考えるなど、職務上の責任に関する目標です。ここで大切なのは、自分が属する組織が今よりもさらに成果を上げること。それに対して個人の目標は、新しいスキルを身につける、おもしろいプロジェクトに配属される、昇進するなど、自分のために必要なものにフォーカスしています。

自分の行動が、それらの目標達成の助けになることもあれば、かえって逆効果になることもあります。たとえば先ほどのジェフの場合、上司が代わったという状況に対して子どもじみた態度を選んだために、本人のキャリアにとっても組織にとってもマイナスの結果になってしまいました。

次ページの表は「組織に生息する4つのタイプ」をわかりやすくまとめたものです。人間を組織スキルの側面から分類すると、自分で選んだ行動がビジネスの目標と個人の目標にどんな影響を与えるかによって、４つのタイプに分けられます。表を見て、自分はどこにあてはまるか考えてみましょう。

「**殉教者**《じゅんきょうしゃ》」とは、わが身を犠牲にしてまで組織のために尽くす人たちです。彼らはたいてい、自分は正当に評価されていないと感じ、恨みを抱いています。やがてその気持ちが、周りの人たちとの関わり方にも影響を与えるようになる。本人は隠しているつもりかもしれませんが、どうしてもにじみ出てきてしまうのです。中にはまったく隠そうとしない人もいます。そして最終的に、「殉教者」は燃え尽きてしまいます。

ある副社長は、長年にわたって高圧的なＣＥＯの下で働いてきました。このＣＥＯは、指示の内容をコロコロと変え、情報を持ってこいと常に彼女をせっつき、彼女の部下を何度も批判し、もっと人員を増やしてほしいという要望はすべて拒絶する。

Figure
#002

	個人の目標達成を妨げる行動	個人の目標達成を助ける行動
ビジネスの目標達成を助ける行動	殉教者	成功者
ビジネスの目標達成を妨げる行動	愚か者	背徳者

彼女はこのCEOにさんざん振り回され、だんだんとうつ状態になっていきましたが、それでもCEOの期待にはすべて応えようとがんばり続けました。しかしあろうことか、そのCEOは、彼女に代わる新しい人材を探して、実際に面接まで行っていたのです。それを知ったときの彼女のショックを想像してみてください。

皮肉なことに、彼女はその献身的な態度が原因でCEOに見下され、いいように踏みつけられていたのです。彼女の後任は、彼女よりも労働時間が少なく、部下を増やすことを許可され、報酬は彼女の2倍でした。

彼女は病的なレベルで献身的でしたが、「殉教者」にはもっと好戦的なタイプもいます。彼らは大義のために戦う十字軍です。このタイプの「殉教者」も、組織の利益を第一に考えていることは間違いありませんが、度が過ぎているために、結局は自分のキャリアを台無しにしてしまうのです。彼らが声高に自分の信じる理想を語ると、周りの人は離れていってしまう。

たとえば、品質管理の責任者がこの十字軍タイプの「殉教者」だとしましょう。製品が基準を満たさないのは、彼らにとって許しがたい状況です。しかし、彼らから厳しく批判された製造現場の人たちは、自分が疎外されたように感じるでしょう。

他にも、企業内弁護士としてはとても優秀なのに、会社の計画にいつも横やりを入れてくるために、大事な決断に関わらせてもらえないような人や、官僚主義の問題についていつも文句ばかり言っているために、正当な批判にも耳を貸してもらえなくなったソーシャルワーカーなども、十字軍タイプの「殉教者」です。皮肉なことに、すべて本人はよかれと思ってやっているのですが、やり方がまずいために、かえって望んだ結果からは遠ざかることになっています。

「背徳者」は自分の利益のことしか考えません。興味があるのは、自分のニーズや欲求だけ。彼らの自己中心的な態度は、組織にとっては害になりますが、本人はまったく気にしていません。

「背徳者」の傾向がある人物が経営者になると、組織にとっては大惨事です。会社のお金を私的な贅沢《ぜいたく》のために流用するCEO、不正な会計処理で私腹を肥やし、社員や株主の損失になっても気にしないCEOなど、「背徳者」である経営者をめぐるスキャンダルは枚挙にいとまがありません。彼らはまた、会社は損失を出し、社員は解雇されているというのに、自分は平気で巨額のボーナスを受け取ったりもするのです。

とはいえ、このような利己的な態度はなにも経営陣だけにかぎられるわけではありません。下位レベルの従業員にも、「背徳者」は普通に存在します。仕事をサボる、会社のお金を盗む、顧客を奪うといった行動が頭に浮かぶでしょうが、それ以外にも、個人的な目標のために他人に迷惑をかけるのも「背徳者」の特徴です。

「背徳者」の恫喝《どうかつ》や策略は、短期的にはうまくいくことが多いため、それが正しい戦略だと考える人もいるかもしれません。しかし、彼らの利己的な態度は、長い目で見れば彼ら自身の成功を妨《さまた》げることになります。「背徳者」の経営者も、その多くが仕事を失うか、自分の会社を破綻《はたん》させるか、あるいは刑務所行きになっています。

「愚か者」は、自分にとっても組織にとっても害になる行動を取る人たちです。どうやら彼らの行動原理は、自分ではコントロールできない心理的なニーズにあるようです。

いつも怒っているタイプの「愚か者」がいます。ミーティングでは、自分に同意しない人を罵倒《ばとう》し、議論で負けそうになったら怒って部屋から出ていってしまう。新しいアイデアが出るとことごとく反対し、特に自分の仕事が増えそうなアイデアには強固に反対する。それに、上司に向かって怒鳴ることも躊躇《ちゅうちょ》しません（上司に向かって怒鳴るのは、例外なく自分の身を危うくする行為です）。

性欲が抑えられないタイプの「愚か者」もいます。魅力的な女性が入社するたびに、その女性にちょっかいを出すのです。なれなれしく肩に腕を回し、「冗談」のつもりで彼女の性生活について尋ねる。

あるいはマネジメントのセンスがない「愚か者」もいます。部下のパフォーマンスを上げるには、彼らのミスを定期的に指摘して叱責《しっせき》するのがいちばんだと信じています。意識的にポジティブなことを言おうとしても、ネガティブな性格がつい出てしまう。その年に部署が上げた成果を褒め、将来に向けて前向きな抱負を語ったスピーチでも、最後にこんなことを言ってしまうのです――「ここでの仕事が気に入らないなら、すぐによそへ行ってください！」

「**成功者**」とは、その行動が組織の成功と個人の成功の両方につながる人たちです。私の考えでは、組織で生きるスキルがもっとも高いのは彼らのようなタイプです。特に長い目で見た場合、うまくいくのは彼らです。

たとえば、専門職として就職したあとに、それ以上の仕事をしたいという意欲を持ち、専門外の知識を身につける。社内の目玉プロジェクトにも複数参加し、難しい状況でも成果を上げるようになる。

会社の上層部とも個人的に付き合いを深め、職業上の有益なネットワークを築く。一緒に働きやすくて頼りになり、しかも常に卓越した結果を出す人物という評判を社内で確立し、順調に出世の階段を上る。1つステップアップするごとに、新しい環境で業務の改善に取り組み、部下たちが新しいスキルや能力を獲得できるように計らう。

「殉教者」「背徳者」「愚か者」の行動を続けている人は、遅かれ早かれ失敗し、失望することになります。自分の極端な行動のせいで社内での立場を失い、周りの人を遠ざけてしまいます。ほとんどの人は彼らほど極端ではありませんが、それでも怒りをぶちまけたり、利己的な行動に走ったりすることはあるでしょう。悲しいことに、多くの人がこういった自滅的な行動を取ってしまい、「成功者」になれる可能性を自ら潰してきたのです。

組織で目覚ましい成果を上げるためには、そのための特別なスキルが必要ですが、誰もがそのスキルを備えているわけではありません。この本が目指しているのは、読者が自分の弱点を知り、それを修正できるようになることです。

完璧な人は存在しません。どんな人も、ちょっとした「人とは違う面」を持っています。ときには周りをイライラさせることもありますが、その小さな違いこそが私たちの個性です。すべての人がみな同じだったら、この世界はどんなに退屈な場所になっていたでしょう！

だから、人とは違うあなたらしさを手放す必要はまったくありません。ただ、影響力を失う行動、職場の人間関係を悪化させる行動、目標達成から遠ざかる行動を避けるように、気をつければいいだけです。

ここで大切なのは行動です。どんなに「成功者」になりたい気持ちがあっても、周りの人は、あなたの行動を見て評価します。

倫理観を疑われた者はリーダーになれない

「社内政治」という言葉に悪いイメージがついてしまったのは、なりふり構わず他人を蹴落としてきた一部の人たちの責任です。しかしありがたいことに、倫理をないがしろにする人は、いずれ必ず転落することになります。自分の利益のことしか考えない人は、長い目で見ればほとんど成功できないからです。

組織で自由に働くためには、自分の行動が持つ倫理的な側面についても考えなければなりません。

倫理の世界では、行動だけがものを言います。あなたがどのような道徳的基準を持っているかは、あなたの言葉でなく、行動で判断されるのです。仕事をしていれば、誰でもいずれ、倫理的な判断を迫られるような場面に遭遇《そうぐう》することになるでしょう。

私の場合、その瞬間は、ある大手企業で内部コミュニケーションの仕事をしていたときに訪れました。経営幹部の1人から、社員に嘘《うそ》の情報を送るように言われたのです。

社員たちは、私の出す情報は正しいと信頼してくれている。その信頼を裏切るのは、私にはできないことでした。私は、その場で経営幹部を「この嘘つき！　私にそんなことができるわけがない！」と糾弾《きゅうだん》したりはしませんでしたが、その代わりに、この行動がもたらす結果を冷静に説明しました――「もし嘘をついたことがバレたら、この先もずっと社員から信頼されなくなってしまいますが、それでもいいのですか？」

ありがたいことに、その幹部は私の説明に納得してくれました。私は、退職を考えるほどの大事にならずにほっとしましたが、そのときに気づいたのは、自分は嘘の情報を流すくらいなら辞職するだろうということです。自分の中にしっかりとした倫理の基準があれば、そのような決断はずっと簡単になります。

組織で自由に働くには、次の「組織の黄金律」を絶対に守らなければなりません。

ビジネスや他人を犠牲にして自分の利益を追求してはならない

そこまで利他的になる必要はないと思うなら、これは自分のためでもあると考えてみましょう。自分勝手な行動や意地悪な行動を取ると、いずれ周りの人もあなたに対して同じような行動を取るでしょう。助けが必要になっても、誰もあなたを助けようとしてくれない。あなたに関する悪い噂《うわさ》を流されることもあるかもしれない。

自分が得をしたり、楽をしたりするために、会社のビジネスに害になるようなことをしたら（たとえば、嘘をつく、会社のものを盗む、仕事の手を抜く、など）、見つかったときに、自分のキャリアが深刻なダメージを受けることになります。つまり、倫理的な動機であれ、実利的な動機であれ、この黄金律に従ったほうが、長い目で見れば成功につながる可能性が高いということです。

｛実践｝

1「願望リスト」から「目標リスト」をつくろう

・今から2年後、自分はどんな仕事人生を送っていたいだろう？　2年後の理想の仕事人生を具体的に思い描くことができたら、今と違うことをすべてリストにしてください。それがあなたの「願望リスト」です。

・理想の未来を実現するには、「願望」を「目標」に変えなければなりません。「願望リスト」を見て、それぞれの項目を具体的な目標に変換していきましょう。次のステップを参考にしてください。

❶ 達成したいことを具体的に定義する

たとえば、「もっとお金が欲しい」だけでは具体的な目標とはいえません。銀行強盗でも、お金持ちの伯母さんを殺しても、その目標は達成できます。「収入が今の2倍になる仕事に就きたい」なら、十分に具体的な目標です。

❷ 何が目標達成の妨げになっているのかを考える

収入の高い仕事の例で考えると、おそらく障害になっているのは、十分な教育を受けていないこと、キャリアパスがかぎられていること、昇進を決める権限を持つ人たちからネガティブな評価を受けていること、などがあげられるでしょう。

❸ それらの障害を乗り越えるために、自分にできることを考える

たとえば、十分な教育を受けていないことが障害になっているのなら、どうすれば必要な教育を受けることができるでしょう？　あるいは、昇給が見込めない職に就いているなら、もっと将来性のある分野に移るにはどうすればいいのか？　誰かからネガティブな評価を受けているなら、その評価を変えるために自分にできることは何か？

❹ 考えたアイデアを具体的な目標にする

目標は「私は○○をする」という形で書き、○○には具体的な行動が入ります。たとえば、「私は目指している仕事に必要な資格が手に入り、仕事をしながら受講できるプログラムについて調べる」、「私は自分のスキルと経験が生かせるキャリアはどんなものがあるかについて調べる」、「私は自分がどうすれば昇進できるのかについて上司と話をする」などです。

❺ それぞれの目標で最初のステップを決め、実行する

どんなに大きな目標でも、小さく分解し、次にやるべきことだけに集中すれば、着実に達成へと近づいていけます。

{実践}
2 自分のタイプを把握し、問題行動をあらためよう

・自分が「殉教者」「背徳者」「愚か者」のどれかにあてはまると思うなら、仕事に対する基本的な態度のいくつかを変える必要があります。あなたはどんな思い込みがあるせいで、今のような問題を抱えることになったのでしょう？

全員に好かれなければならないと思い込んでいるのか？　何でも自分でコントロールしなければならないと思い込んでいるのか？　いつでも自分が正しいと思い込んでいるのか？　いつも自分の思い通りにならないと気がすまないのか？

問題の原因になっていると思われる思い込みをリストにしてみましょう。次に、その思い込みから生まれる問題行動をリストにします。

・たとえ「成功者」であっても、ときには間違えることもあります。あなたは「殉教者」「背徳者」「愚か者」のような行動を取ってしまうことはありますか？　もしあるなら、具体的にどんな行動ですか？　周りからはどんな目で見られていますか？　仕事やキャリアの目標の妨げになっていると思われる態度や行動をすべてリストにします。

・自分の問題行動を自覚したら、今からどこを変えるかを決めます。問題行動のリストを出して、それぞれの項目の下に、それに代わるポジティブな行動を書き込んでいきましょう。
たとえば、問題行動のリストに「同僚がこちらの思った通りに動いてくれないと怒った対応をしてしまう」という項目があるのなら、代わりになるポジティブな行動は、「同僚がこちらの思った通りに動いてくれなかったら、冷静に質問をして相手の考え方を知り、お互いの妥《だ》協《きょう》点《てん》を探る」となるかもしれません。

{実践}

3 抱え込んでいる倫理的なジレンマを整理する

・今の仕事に何か倫理的な問題はありますか？　組織の上層部の倫理観を信頼できますか？　倫理的に正しくないと思われる仕事をやるように言われたことはありますか？
・職場で倫理のジレンマを抱えているなら、選択肢は3つあります。

❶ **仕事を続けたほうが利益が大きいと判断し、このまま倫理面では妥協を続ける**

❷ **状況を変えるために適切な人たちと話し合いをする**

❸ **もっと働きやすい場所を見つける**

自分の状況にとってどれがベストの選択肢なのか。それを決められるのはあなただけです。

［第２章］……「組織で自由に働く人」は職場に理想を求めず、現実だけを見る

組織で上り詰めるには、まずいくつかの基本的な事実を受け入れなければなりません。しかし残念ながら、これらの事実は、私たちが大切にしている民主的な価値観と衝突することがしばしばあります。

ここで非現実的な思い込みを持っていると、いったいどうなってしまうのか。それを、アランが体験した悲しい物語から考えてみましょう。アラン自身は、自分は「社内政治」の犠牲者だと信じているでしょうが、実際は完全に自業自得でした。組織スキルを身につけていなかったために、墓穴《ぼけつ》を掘ってしまったのです。

「周りは無能ばかり」という考えに取り憑かれた者の末路

アランの職場は、都心部に拠点を構える大手コンサルティング会社のホライズン・センター

です。その会社での昇進が決まり、アランはとても興奮していました。新しい役職はエグゼクティブ・ディレクターです。以前の仕事では、とにかく人間関係が大きな頭痛の種でした。上司は無能で、何人かの同僚は仕事もできなければ、対人スキルもない。少なくとも、アランはそう思っていました。しかし、新しい役職に就いた今、すべてはもう過去の話です。

エグゼクティブ・ディレクターとしての初日、アランは新しい部下たちと会い、自分が考えるホライズン・センターの未来について語りました。最新設備を導入し、サービスを拡大して、地元コミュニティーにおける会社の影響力を高める。これからは、個人を対象としたコンサルティング業務だけでなく、公教育におけるメンタルヘルスの問題にも積極的に関わっていくべきだ。アランのビジョンを聞いたスタッフは、みな期待に胸をふくらませました。今すぐにでも、アランが描く新しい道に進んでいきたいとワクワクしていました。

しかし数日後、アランが取締役会で同じ内容を話したところ、今度は冷めた反応が返ってきました。取締役会長のバーバラは、アランのプレゼンをまともに聞かず、ずっと隣の人とおしゃべりをしています。ついにはプレゼン中に席を立ち、ランチの調整をするために部屋の外に出て行ってしまいました。

それからの数週間、アランは部下たちの熱烈な支持を受けながら、変化を実行に移していきました。ところが、バーバラと何度か会って話したところ、どうやら彼女は、取締役会長という自分の役割をまったく理解していないようです。アランもなんとか、彼女に経営のイロハについて教え、自分のプランをわかりやすくかみ砕いて説明しようとしましたが、彼女が興味を持つのは、経費の取り扱いや、顧客管理、社屋のロビーの改装といったことばかりです。

バーバラの経歴を知るにつれ、アランはだんだんとこう考えるようになりました——バーバラが取締役会長に選ばれたのは、ただ家族がお金持ちで、市長とも親戚だからだ、と。

アラン自身は貧しい家庭で育ったので、故郷では、金持ちたちがコネを使って出世するのをただ黙って見ていることしかできませんでした。アランの父親は、仕事をかけもちしなければ、子どもたちを大学に行かせることもできなかった。人生はなんて不公平なんだ！

数カ月がすぎ、アランは取締役会への不満をよく部下たちの前で漏らすようになりました。取締役会に出るたびに、他のメンバーを教育しようとしました。なんとしても自分と同じレベルになってもらいたかったからです。

そして、アランとバーバラの関係は悪化の一途をたどりました。特に緊迫した状況になったのは、新しいスタッフの採用をめぐって2人の意見が対立したときです。アランが見つけた人材は、申し分ない経歴で、アランから見て完璧でした。ところがバーバラは、いとこである市長から紹介された資金調達の専門家のほうを推している。アランは数人の取締役に根回しを行い、この闘いで勝利を収めました。これは今後に向けていい兆候だ——アランはそう考えました。

この勝利に気をよくしたアランは、影響力のある取締役たちと個別に会い、バーバラの解任について話を持ちかけました。彼らはみな礼儀正しく話を聞いていましたが、アランを支持するとはっきり表明した人は誰もいませんでした。それからのアランは、このバーバラ解任に取り憑《つ》かれたようになっていきました。バーバラと口を利かなくなり、いろいろな人をつかまえては、バーバラの過去の失敗の話をするのです。

その結果、部署のスタッフは2つの派閥に分かれました。アランは完全に正しく、バーバラが諸悪の根源だと信じる人たちと、アランはやりすぎであり、バーバラへの執着がむしろ会社に害を与えていると考える人たちです。派閥間の争いも激化し、中には違う派閥のスタッフとは口を利かないような人も出てきました。

ある日の早朝、アランのところに1本の電話がかかってきました。執行委員のミーティングへの出席要請です。アランはそこで解雇を告げられました。バーバラとの闘いはこれで終了。アランは負けたのです。

ホライズン・センターを去る車の中で、アランは考えました――なぜ自分の働く組織は、どこもかしこも仕事のできないマヌケばかりなのだろう、と。

アランが会社のために誠心誠意尽くしたことは間違いないでしょう。そう考えると、アランは「殉教者」に分類できるかもしれません。ただホライズン・センターの成功を願って努力していただけなのに、そのせいで自分のキャリアを台無しにしてしまったのです。

しかし、会社を去る直前の彼は、急速に「愚か者」に向かって変化していました。バーバラへの執着が、会社全体に害を与えていたからです。アランにはたしかにビジョンがあったかもしれません。それでも、組織で生きるためのスキルはほとんど持ち合わせていませんでした。

「成功者」はなぜ、正しい選択ができるのか？

組織の「成功者」には第六感が備わっているように見えます。彼らはまるで、組織の荒波を巧みに泳ぐコツを生まれながらに知っているかのようです。彼らは、知らない人ばかりが集まる場所に行っても、その中で実際に力を持っている人と、力があるふりをしているだけの人を、瞬時に見分けることができます。

組織の鼻つまみ者とも仲良くやれるし、みんなが地雷として避けているような微妙な話題を持ち出しても、誰も怒らせず、傷つけることもない。他の人から足を引っぱられたり、権力闘争に巻き込まれそうになったりしても、彼らはさりげなくカウンターパンチをくり出すことができる。そして、狙った獲物は必ず手に入れる。

つまり簡単に言うと、**「成功者」には「組織スキル」がある**ということです。組織で生きるスキルの必要性は世界共通であり、働く人は誰でも驚くほどに同じような悩みを抱えています。この組織スキルを高めると、次のようなたくさんの効果が期待できます。

- **目標を達成するまでのステップが明確になる**
- **あらゆる集団の力関係を理解できる**
- **自分個人の力や影響力を高めるチャンスを最大限に活用できる**
- **他者の隠れた動機や本当の目的を見抜くことができる**
- **重要な目標だけに集中し、どうでもいいことに気を取られなくなる**
- **付き合うのが難しい人も含め、周りの人たちと良好な関係を築ける**
- **巧妙ないやがらせでも、あからさまな攻撃でも、適切に対応できるようになる**
- **意見の違いや不和を建設的な討論に変えることができる**
- **どうでもいい問題や、達成不可能な目標にエネルギーを浪費するのを避けることができる**

組織スキルのある人は、有害な環境に長居することはありません。去るべきときを心得ていて、すぐに健全な環境を見つけることができます。

「成功者」になるのを阻《はば》む最大の壁は、自分を見る目が曇っていることです。自分を正しく理解している人だけが、難しい局面で正しい選択をする能力を手に入れ、組織力学の罠《わな》にはまるのを避けることができるのです。

組織の掟に「民主主義」の言葉はない

組織スキルを身につける第一歩は、「組織の掟《おきて》」を受け入れることです。組織の中では、民主的な価値観がいつでも通用するわけではありません。残念ながら、前に登場したアランのように、たとえ優秀であっても「組織の掟」が理解できない人もいます。

表現の自由が守られる、すべての人が自由と平等を享受できる、人民の、人民による、人民のための政治——どれも民主的な社会では大切な価値ですが、職場では必ずしもこれらの価値が重視されているわけではありません。職場も民主的であるべきだという思い込みに固執していると、いずれ失望することになるでしょう。

組織で生き残り、圧倒的な成果を上げるには、次にあげる組織の掟を受け入れなければなりません。

組織の掟1： 組織は民主的ではない
組織の掟2： 力の大きさは人によって違う
組織の掟3： あらゆる決断は主観的である
組織の掟4： あなたの上司はあなたの人生の大半をコントロールする
組織の掟5： 組織で公平さを期待するのは不可能である

組織とは、力関係のはっきりしたヒエラルキー構造です。そして、そうなっているのにはきちんとした理由があります。すべての人が合意するまで待っていたら、時間ばかりかかって何も決まらなくなってしまうでしょう。たとえ多数決でも、決めるのは大変です。そのため、選ばれた少数の人たちが物事を決める権限を持ち、残りの人たちはその決定に従うようになっているのです。

物事を決める権限を持つ人が存在するということは、**私たちはいつでも、上の人の決断に従わなければいけない**ということでもあります。そこでよく出てくるのが、その決断が「主観的」だという不満です。実際のところ、その不満は完全に正しい。決断とは本質的に主観的なものであり、その理由は、決断を下すのは人間だからです。

人間は、自分の価値観、信念、目的、好き嫌いに基づいて決断を下します。そして決断を下す人の価値基準は、私たちとは違うかもしれません。1つの問題に対してまったく違う考えを持つ2人の人間が、どちらも相手が主観的すぎると感じているのです！

実際のところ、完全に客観的な決断は、数字に関する決断だけです。たとえば、「部品の1時間あたり生産量が多いのはどちらの機械か」、「より多くの乗客を乗せられるのはどちらの飛行機か」という問題なら、完全に客観的な答えを出すのは簡単です。しかし、こういったことを「決断」と見なす人はほとんどいないでしょう。

また、**「あなたの上司はあなたの人生の大半をコントロールする」**という掟も受け入れる必要があります。組織で働くというのは、報酬、福利厚生、興味深い活動、家の外に出るチャンスなど、仕事をするモチベーションになるあらゆるものと引き換えに、自分の人生をコントロールする権利の一部を手放すということでもあります。

ときに私たちは、この取引を後悔し、コントロール権を取り戻そうとすることがある。そして、この「コントロールしている」という幻想にしがみつくために、中立的な第三者から見ると愚かな行動に走ってしまうのです。

アランの場合、そもそもの失敗の原因は、バーバラのほうが自分より地位が上だという事実を認められなかったことでした。アランがバーバラに対して優越感を持っていたのは、マネジメント能力なら自分のほうが上だと思っていたからであり、規則や手順ばかりを気にするバーバラに比べ、未来のビジョンを描くことのできる自分のほうが先進的だと思っていたからです。バーバラの部下になるのは、アランにとって屈辱《くつじょく》的なことでした。

そこで、コントロールしているという感覚を取り戻すために、バーバラの弱点をあげつらい、バーバラに変化を迫ったのです。部下からこんなことをされて喜ぶ上司は少ないでしょう。アランの本心は、その言動に露骨に表れていました。バーバラもそれに気づかないわけがありません。

アランの間違いは、バーバラのほうが力が上だという事実を、完全に無視していたことです。取締役会長という公式の地位はもちろん、バーバラには非公式の人脈もある。他の取締役会のメンバーとの付き合いはアランより長く、それに市長の身内でもありました。ここで、究極の組織の掟をお伝えしましょう。

もっとも大きな力を持つ者が勝つ

たいていの場合、組織のヒエラルキーであなたのすぐ上に位置する人は、あなたより大きな力を持っています。あなたの給料も、評判も、担当する仕事も、昇進も上司が決め、さらには全般的な人生の質も上司の影響を受ける。まずこの事実を受け入れましょう。それができれば、次に必要なのは、ボスを効果的に管理することだとわかるはずです。

多くの人は、これとは逆の考え方をしています。部下を管理するのは上司の責任であり、そのため上司は、部下の人格を尊重し、敬意を持って接しなければならない。そして、何よりも大切なのは「公平さ」だと考える。

ところが、組織スキルを身につけて集団の中で自由に働ける人は、上司が自分をどう扱うかということを気にしません。むしろ大切なのは、**自分が上司をどう扱うか**ということです。上司を管理する能力は、組織スキルにとって絶対に欠かせない要素です。

「不公平」を正そうとするのは時間の無駄でしかない

組織で生きるスキルと知性を身につけたいなら、組織の掟を受け入れることが絶対的な前提条件です。そうでないと、自分の扱われ方が「公平」かどうかということを、いつも気にかけていなければならなくなる。組織で公平さを求めるのは、完全にエネルギーの無駄づかいです。**自分のキャリアを確実に台無しにする方法の１つは、組織の中で「公平さ」にこだわることです。**組織スキルの高い人は、完全な公平さを実現するのは不可能であり、またそんな必要もないということを知っています。

ティーンエイジャーを育てた経験がある人、あるいは自分自身がかつてティーンエイジャーだった人なら、どんな子どもでも口にする決まり文句をよく知っているでしょう。それは、「そんなのずるい!」(つまり、公平ではない)です。

家庭内においては、親は子どもより力のある立場です。そのため、人生が公平でないことはよくわかっている。しかし、自分以外の人が力を持っている職場となると、人生は公平でないという事実を、私たちは簡単に忘れてしまいます。その結果、自分は不当な扱いを受けていると不満を募らせることになるのです。

「そんなのずるい!」と怒る子どもに対して、たいていの親は、「人生とはそういうものだ」と諭《さと》すでしょう。そのときの私たちは、人生は公平ではないという事実を受け入れています。そもそも、何が公平かを決める厳格な基準も存在しません。すべては個人の受け取り方しだいです。だからこそ、何か大きな決断が下されると、「納得できない! 不当だ!」と叫ぶ人が必ず出てくることになるのです。

不公平とされる決断の中でも、もっとも忌《い》み嫌われるのは、自分が損をして、他の誰かが得をするものです。上司に取り入るのがうまいだけの人間が昇進する。実力はないのに口だけは達者な同僚が、自分を差し置いて重要なプロジェクトを任される。こういった決断は、あなたにとってはもちろん不公平です。

しかし、当然ながら得をしたほうの考えは違います。「私が昇進したのは、上司と友好的な関係を築くために努力したからであり、それに仕事で結果を出したからだ」、「あのプロジェクトには、多くの部署と折衝する対人スキルも必要だ。専門技術があればいいというわけではない」などという言い分もあるでしょう。

公平さにこだわるのは時間の無駄であり、率直に言って愚かなことです。公平さにこだわる人は不平不満が多く、不平不満ばかり言っている人は周りから嫌われます。過去を蒸し返し、不当な扱いを嘆くのではなく、未来に目を向けて、自分の間違いを直したほうがずっといいでしょう。

{実践}

1 上司との関係を正確に測ろう

・上司との関係を、整理してみましょう。上司の存在に耐えられない？ 相性が悪いだけ？ うまくいっている？ 上司との間に問題があるなら、それをリストにしてみましょう。それらの問題は、あなたにとって、個人的な目標やビジネスの目標を達成する妨げになっているでしょうか？

・次に、自分以外の視点で考えてみましょう。あなたの同僚たちも、上司との間に同じような問題を抱えているでしょうか？ もしそうなら、あなたよりもそれらの問題にうまく対処している人はいるでしょうか？ あるいは、もし違うなら、なぜあなただけが上司とうまくいかないのでしょう？ あなたは過去にも、他の上司との間に問題を抱えたことがありましたか？ それとも、ただ今の上司との相性が悪いだけですか？

・おそらく上司を変えることはできません。そこで考えなければならないのは、上司との関係をもっと賢く管理するために、自分にできることは何か、ということです。次の手順で考えてみましょう。

❶ 上司にもっともイライラさせられる状況をリストにする

❷ それぞれの状況について、自分のいつもの反応をリストにする

あなたの反応が、状況をさらに悪化させている可能性はあるでしょうか？　上司はあなたの反応をどう思っているでしょう？

❸ それらの状況に対する、もっと生産的な反応を考える

もし同僚たちが上司とうまくやれているなら、彼らを参考にするといいでしょう。明確な目標を決めて、自分の行動を変えていきましょう。

{実践}

2 自分の組織IQを採点しよう

・次ページの項目を読み、自分にどれくらいあてはまるか考えましょう。あてはまる文が多い人は、組織スキルを磨く必要があります。

・ここから先は、チェックを入れた文を念頭に置きながらこの本を読み進めていきましょう。問題が何であれ、いずれかの章にその対策が書かれています。ここであなたがすべきことは、まず問題となっている自分の態度や行動を変えること。それができれば状況も改善するでしょう。

Figure
#003

- [ ] 周りへの影響力という点において、
自分は希望するレベルに達していない
- [ ] 職場でよく口論になったり、 他の人と意見が違ったりする
- [ ] 仕事で不当な扱いを受けることがよくあると感じる
- [ ] どうしても一緒に働けないと感じる人がいる
- [ ] 新しいグループに入ったときに、
本当に力を持つ人を見つけることができない
- [ ] 他人の真の動機を推測するのが苦手だ
- [ ] ささいな事柄にとらわれて
大切な目標を見失ってしまうことがよくある
- [ ] 個人的に好きになれない人と一緒に働くのが苦手だ
- [ ] 職場でいいように利用されていると感じることがよくある
- [ ] 他人から攻撃された、 足を引っぱられたと感じても、
どう対応すればいいのかわからない
- [ ] ささいな事柄、 目標とは関係ない事柄を
気にしすぎることがよくある
- [ ] 私の仕事の本当の価値を上の人たちはわかっていない
- [ ] 職場のある種の状況のせいで、 自分にとって
大切な目標を達成するのが妨げられるかもしれない

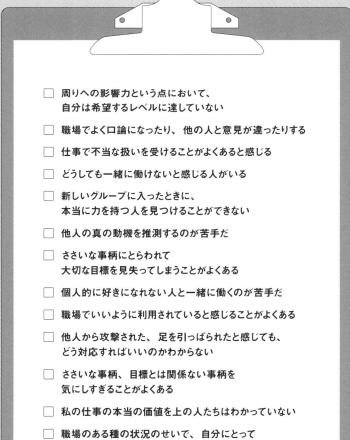

{実践}

3 「公平さ」へのこだわりを捨てる

・職場で「不公平だ」と感じることをすべてリストアップします。その中に、組織の掟と関係のあることはいくつあるでしょう？

・その不公平だと感じることに対して、自分にできることをリストにします。もし本当に状況を変える必要があるのなら、今すぐに行動を起こしましょう。もし自分にできることが１つも思いつかない、あるいは実際はそこまで重要なことではないのなら、何もしないのがいちばんです。忘れてしまいましょう！

公平であることにこだわるのはエネルギーの無駄づかいであり、そのエネルギーは、他のもっと生産的な活動のために使わなければなりません。自分の目標を達成することに集中しましょう。

第3章 相手との力関係を見きわめる「組織で自由に働く人」は

あるよく晴れた土曜日の朝、エリックは自宅の前で妻のマルシアと並んで腰かけ、引っ越し業者が到着するのを待っていました。2人は期待に胸をふくらませ、新居での暮らしを心待ちにしていました。

しかし、その数時間後、2人の気分は一変してしまいます。引っ越し業者は1時間も遅刻し、そのうえトラックが小さすぎて荷物が入りきりません。さらに悪いことに、新居に着いて荷物を運び入れるところで、スタッフの1人がアンティークの机を地面に落とし、粉々に壊してしまったのです。

マルシアはがまんできなくなり、業者のオフィスに電話をかけると、ひどいサービスを受けたのだから一部の料金の支払いを拒否すると伝えました。すると電話を受けた上司が現場のスタッフに無線で連絡し、スタッフは上司の指示に従ってトラックをロックしました。なんと彼らは、全額払ってもらうまでは家具を下ろさないと言うのです。

この物語は、「**レバレッジ**」の使い方を間違えた典型的な例です。もしマルシアがもっと冷静に対処していたら――つまり使えない引っ越し業者に対して、思わずカッとなったりしなければ――今はレバレッジを出すタイミングではないと気づくことができたはずです。彼女の目的が、満足できないサービスを金銭で補ってもらうことなら、家具をすべて下ろしてからその話を持ち出すのが正しいタイミングでした。

組織スキルでも、**レバレッジの力学を完全に理解することがカギ**になります。レバレッジとは、簡単に説明すると、**他人に自分のしてほしいことをさせる能力**のことです。

こう聞いて、自分がむちを振るい、周りが自分にひれ伏しているような絵が思い浮かぶ人もいるかもしれませんが、それは間違いです。力や権威を濫用《らんよう》して他人をコントロールしようとする人は、長い目で見れば必ず失敗します――あるいは、少しでも隙《すき》を見せれば誰かに後ろから刺されるでしょう。反対にレバレッジを正しく活用すれば、組織の「成功者」になれるだけでなく、人生全般でも成功を収めることができるのです。

人と人との関わりには、たいてい何らかの形でレバレッジが働いています。ここで、上司に昇給の相談をするという場面を想像してみましょう。次の ⓐ と ⓑ という状況を比較して、どちらが昇給の可能性が高いと思いますか？

ⓐ この5年間、ずっと真面目に働いてきた
ⓑ 他の仕事のオファーを受けている

答えはⓑです。他からも求められる存在であるという事実が、あなたのレバレッジを大きくしているのです。

あるいは、自分のプロジェクトで同僚に手伝ってもらいたいことがある場合はどうでしょう?

ⓐ 過去にこの同僚に手を貸したことがある
ⓑ 将来、この同僚もあなたの助けが必要になる
ⓒ このプロジェクトに関わった人は多額のボーナスをもらえる

ここでの答えは「すべて」です。ⓒがいちばん効果的かもしれませんが、ⓐやⓑにもあなたのレバレッジを大きくする力があります。

「レバレッジ方程式」の計算ミスは致命傷になる

自分が持っているレバレッジと他人が持っているレバレッジを正確に把握する能力は、組織を生きるうえで欠かせないものです。

組織で自由に働ける人は、どんな状況でも、「**レバレッジ方程式**」を正しく計算することができます。あなた自身も、「レバレッジ」という表現は使わないかもしれませんが、このレバレッジ方程式の存在には気づいていたはずです。

たとえば、店のサービスに満足できないときに店長を呼ぶ。スピード違反で止められたときに、相手の警察官に向かって実は自分は警察署長の知り合いだと告げる。非協力的な同僚にメールを出すときに、その同僚の上司にもＣＣでメールを送る――これらはすべて、自分のレバレッジを大きくするための行動です。

そして、**レバレッジ方程式の計算ミスほど、人間関係での駆け引きで致命的なものは多くありません。**先ほどの引っ越しの例で考えれば、マルシアの行動は、この計算ミスの典型といえるでしょう。彼女にとってのアドバンテージは、まだ料金を支払っていないことで、引っ越し業者にとってのアドバンテージは、まだ家具がトラックの中にあることでした。つまり、双方が同等のレバレッジを持っているということです。家具をすべて下ろしてしまえば、今度はマルシアだけが力を持つ状況になったのですが、彼女は怒りのあまりそれに気づくことができませんでした。

レバレッジの計算を間違えると、たいていの場合、レバレッジの少ない人が不利益を被《こうむ》ることになります。次に紹介する実話を読んで、彼らがなぜそのような残念な状況になってしまったのか考えてみましょう。それは、レバレッジ方程式の計算ミスでしょうか？　それとも、自分が不利になるとわかっていたのに、あえてそれを無視した結果でしょうか？

・ブライアンは大手テクノロジー会社のエンジニアです。ある日ブライアンは、上司からプロジェクトの進捗状況を更新しておいてほしいと頼まれました。ブライアンはこの上司が嫌いで、進捗状況の更新という作業も嫌いなので、上司の頼みをずっと無視していました。その結果、ブライアンは人事考課で「非協力的」と評価され、等級が下げられ、昇給額も下げられました。

それでもブライアンは、この処分を受けても、ますます上司が嫌いになっただけでした。なぜ上司に言われた通りにしなかったのかと尋ねられると、ブライアンはただ、「その必要はないと思ったから」と答えました。

ブライアンは自由な個人なので、もちろん上司に情報を伝えない権利はあります。しかし現実世界においては、自分に対して力を持つ人に逆らえば、それなりの結果になって当たり前です。文句を言うのは筋違いでしょう。

・ジョンは人事部長で、彼の会社に新しい社長が就任しました。ジョンはこの社長のことが好きではありませんでしたが、社長が連れてきたアシスタントのワンダとは仲良くなっていました。ジョンはよく、ワンダに向かって社長の愚痴を言っていました。社長はこの業界のことを知らない、社長が社内で起こした変化が気に入らない、といったことです。ワンダは礼儀正しくジョンの愚痴を聞いていましたが、同意もしなければ、反論もしません。

そしてある日、ジョンは社長から解雇を告げられました。社長のアシスタントに社長の愚痴をこぼせば、それが社長に伝わるのは当然のことなのですが、ジョンは愚かにもそこまで考えていなかったのです。

忠誠心は、レバレッジ方程式を計算するうえで欠かせない要素です。愚痴や悪口が本人に伝わるかどうかは、聞き手の忠誠心が誰に向かっているかで決まります。

レバレッジ方程式の計算ミスが起こるのは、個人的な問題だけではありません。**チームや部署の単位でも、正しく計算できないことがあります**。

たとえば、航空会社のパイロットがストライキを盾に賃上げを要求し、その結果として大幅な賃上げを勝ち取ったとしましょう。それを見た同じ航空会社の客室乗務員が、自分たちも同じことをしようと考え、実際にストを決行したらどうなるでしょうか？　彼らは昇給どころか、逆に解雇されてしまうかもしれません。会社は安い賃金で新しい人材を雇って、彼らの穴を埋めればよいのです。

かわいそうな客室乗務員たちがわかっていないのは、彼らにはパイロットのような大きなレバレッジはないということです。パイロットを雇って訓練するのは時間もお金もかかりますが、客室乗務員なら、代わりは簡単に見つけることができます。

上級管理職であれば、自分のほうが多くのレバレッジを持つという状況に慣れているでしょう。しかし、それまでのレバレッジ方程式が変化し、いきなり窮地《きゅうち》に陥ることもあります。もう1つ、航空業界の興味深い例をあげましょう。

ある大手の航空会社が破産目前の状態になりました。そのとき幹部たちは、組合に大幅な賃下げを要求した直後に、自分たちには多額のボーナスを支給することに決めたため、従業員は激怒しました。その結果、CEOはボーナスを返還し、公に謝罪することになりました。

しかし、それだけでは従業員の怒りはおさまらず、結局CEOは辞任することになってしまいました。このCEOはとても優秀な人物ですが、破綻の危機に陥った会社では、労働組合のレバレッジが大きくなるという事実を認識できなかった（あるいは故意に無視してしまった）のです。

レバレッジ方程式の計算ミスは望ましくない結果を生みます。それが単に恥をかくだけで終わることもあれば、大惨事にまで発展してしまうこともあります。次ページの表は、レバレッジを大きくしたり小さくしたりする状況をまとめたものです。計算ミスを避けるために、ぜひ参考にしてください。

POLITICAL SKILL

Figure
#004

自分のレバレッジを計測する

レバレッジが大きくなる状況	レバレッジが小さくなる状況
・自分のほうが役職が上だ	・自分のほうが役職が下だ
・自分のほうが職業的な地位が上だ	・自分のほうが職業的な地位が下だ
・相手が必要とするものを自分が持っている	・相手が必要とするものを１つも持っていない
・自分はリソースを提供できる唯一の存在だ	・強力なライバルがいる
・力を持つ人たちに影響力を行使することができる	・力のある人とのつながりがまったくない
・代わりを探すのが難しい能力がある	・簡単に代わりが見つかる能力しかない
・他の方法でも自分のニーズを満たすことができる	・自分のニーズを満たすには他の人を頼る必要がある
・いい評判を確立している、高い業績がある	・評判が悪い、 業績がない
・対象に対して感情的な思い入れが少ない	・対象に対して感情的に強い思い入れがある
・相手との間に良好な関係を築いている	・相手との人間関係で問題を抱えている

組織内での自分の動きを決めるときは、どんな状況であっても、レバレッジ方程式を正しく計算しなければなりません。自分のレバレッジを過大評価すると、エゴは満足するかもしれませんが、いずれ失敗することは避けられないでしょう。反対に謙遜《けんそん》や自信のなさからレバレッジを過小評価すると、今度は他者に影響を与え、最終的な目標達成に向けて前に進むチャンスを逃すことになってしまいます。

絶え間なく変化する力関係に目を光らせる

力関係の潮目《しおめ》は変わります。その変化を見逃したくないなら、レバレッジの増減にいつも目を光らせていなければなりません。

職場でも、プライベートでも、力関係は常に変化しています。たとえば、子どもが幼児からティーンエイジャー、そして大人へと成長するにつれて、レバレッジは親から子どもへと徐々に推移していきます。この変化に気づかず、いつまでも子どもをコントロールしようとする親は、子どもが成長するにつれて苦労することになるでしょう。

レバレッジは恋愛関係でも変化します。どちらかの気持ちが冷めてきたら、もう一方は自動的にレバレッジを失うことになります。ここで相手に執着し、必死になってレバレッジを取り戻そうとしても、冷められたほうはますます惨《みじ》めになるだけです。

職場でレバレッジの変化が起こるのは、誰かが昇進したときや、降格したとき、あるいは組織の再編が行われたときです。新しい上司の登場は、レバレッジの激震を引き起こすかもしれません。特に外部からやって来た上司の場合、チームの過去についてまったく知らないので、誰もがゼロから自分を証明しなければならなくなります。

新しいボスがチーム内から昇進した人であれば、レバレッジがどう変化するかはある程度まで予測できるでしょう。新しいボスに昔から協力的で、よく助けになっていた人たちは、新体制で重用されるメンバーになる。反対にかつてのライバルや、敵対関係にあった人たちは冷遇されることになる。

とはいえ、ときには、同僚として良好な関係を築いていたはずなのに、この変化にうまく適応できないこともあります。たとえば、仲のいい同僚同士が、昇進を機に上司と部下の関係になったことで、関係性が悪化するケースです。この場合、昇進した上司と仲がよかったという過去は、部下になった者にとってむしろレバレッジを小さくする力になることもありえます。

レバレッジの大きな変化は、予想外の形で起こることもあります。そのため組織で自由に働く人は、次にあげる原則を大切にしています。

職場で意図的に誰かにイヤな思いをさせてはいけない

これはなにも、誰彼かまわずおべっかを使えという意味ではありません。自分の意見を言うなという意味でもなければ、いつも明るい職場のムードメーカーになれという意味でもありません。ただし、組織で働くのであれば、苦手な人ともうまくやっていく方法や、人間関係のいざこざを効果的に解決する方法を身につける必要はあります。

レバレッジのシフトが起こる理由はいろいろ考えられます。市場の状況が変わる、競争が激しくなる、新しい法律や規制ができる、政権与党が交代する、などなど。**組織で自由に働く人は変化の兆《きざ》しを見逃しません。**力関係は常に変わるということを理解し、そしていざ変化が起こったら適切に対処します。一方で視野の狭い人たちは、レバレッジのシフトに気づかないか、あるいは気づいても昔のやり方に固執してしまう。そしてその結果、組織内でいわゆる「窓際族」のような状態に追いやられてしまうのです。

不満を訴えたところで1ミリも得はしない

ここまで紹介した実例を読みながら、「でも、そんなの間違っている」と思うことが何度かあったかもしれません。それでも私に言えるのは、「だから何？」だけです。職場であなたがどんな経験をするかということが、「公平さ」で決まることはめったにありません。**本当に力を持っているのは「レバレッジ」です。**

レバレッジの低い人たちは「公平さ」にこだわります。自分が受けた不当な扱いに腹を立て、会社の決まりや上のやり方に納得できないと文句を言う。私が考えた「ブーメラン族」という言葉があります。何かにつけて文句を言うために、しょっちゅう人事部にやって来る人たちのことです。

文句の対象は、上司、同僚、与えられた仕事の内容、会社の規則、福利厚生などさまざまですが、最大の不満の1つは、いい仕事をしているのにまったく昇進させてもらえないというものです。実際に優秀で、独創性もあり、いい仕事もしている人でも、「公平さ」にこだわって文句ばかり言っていれば、周りから避けられるようになります。ひとたび周りから「一緒に働きたくない人」と認定されると、昇進のチャンスはかなりかぎられてしまうでしょう。

レバレッジの大きい人たちは公平さにこだわりません。**彼らが重視するのは、自分を目標へと近づけてくれる「行動」です。**

ある経理マネージャーのもとを、2つの悪いニュースが襲いました。最初の悪いニュースは、彼女のメンターでもあった上司が会社を去ったこと。新しい上司は言うことがコロコロ変わるので、彼女は頭がおかしくなりそうでした。

追い打ちをかけるように、今度は人事部から、彼女のやり方に経理部の部下たちから苦情がたくさん届いていると言われました。特にこの2つ目の悪いニュースは本当にこたえました。その週末、彼女は家にこもり、部屋の中をぐるぐる歩きまわりながら、人事部から聞いた部下たちの言葉を頭の中でくり返していました。もしかしたら転職したほうがいいのだろうか？

それでも、月曜の朝になると、彼女の決意は固まっていました。この状況の責任を受け入れ、改善のために努力をする。まず部下たちと面談し、彼らの不安や不満に耳を傾けました。そして問題を認識し、改善策を立てると、それを持って人事部のマネージャーのところへ行きました。それに加えて、新しい上司ともきちんと向き合い、何か変更があるときの伝え方についてもよく話し合いました。

その後の数カ月で状況が改善すると、彼女のマネージャーとしての評判はむしろ高まりました。難しい状況にも前向きに対処できることを、自らの行動で証明したからです。

無駄なことにエネルギーを浪費せず、目標だけに集中する

私たちは毎朝、エネルギーが満タンになった状態で1日を始めます。そして1日が終わるころ、満タンだったエネルギーは、何かに使われてなくなっている。**エネルギーを何に使うかは**

あなた次第です。自分のレバレッジを高め、目標達成に近づけるような行動に使ってもいいし、そうでなくてもかまわない。

レバレッジの低い人たちは、不平不満、他責、うわさ話、策略、泣き言などに多大なエネルギーを浪費しています。一方でレバレッジの高い人たちは、結果を出すことと、人間関係を築くことにエネルギーを集中させる。彼らが見ているのは、前向きな目標と、自分にコントロールできることだけです。先ほどの経理マネージャーは、部下の不満を知ると、問題についてきちんと調べ、自分にできる変化を起こしました。

一方で、同じような状況でレバレッジの低い方法を選んでしまう人もいました。スタッフの意識調査で自分のリーダーシップスキルの評価が低いということがわかると、部下たちを集め、彼らの裏切りを責め、今後は彼らの動向に注意しておくと忠告したのです。その叱責はすぐに社内に広まり、最終的に社長の耳にも入りました。怒りに身を任せた結果、上層部からの評価を下げるだけでなく、組織力学の点から見て愚かとしか言いようのない行動を選んでしまったわけです。

エネルギーを注ぐ場所を注意深く選び、態度を変えるだけで、ネガティブな状況が好転することもあります。マリオはカスタマーサービスで働く技術者でした。技術的なトラブルを抱えた顧客からの電話に対応するのが彼の仕事で、彼の部署では伝統的に、特に怒っている顧客からの電話は部署のトップに回されることになっていました。

ところが当時のトップはこの伝統を終わらせ、苦情の電話はすべて技術者で解決するように方針を変えました。技術者たちはこの変更に腹を立て、上司はただ責任を逃れたいだけだと陰口を言いました（当然「不当だ」というセリフも何度か出てきたことでしょう）。

マリオも最初は、同僚と一緒になって文句を言っていましたが、数日もすると、この変化を重荷ではなく、むしろチャンスだと考えるようになりました。マリオの目標は、いつか自分が部署のトップになることでした。ここで難しい顧客にも適切に対応する能力を証明できれば、目標にかなり近づけるはずです。

そこでマリオは、自分が先頭に立って事態を打開することにしました。同僚たちを説得し、全員で協力して難しい顧客に対応するガイドラインを作成すると、それを上司のところに持っていきました。ここでリーダーシップを発揮したことで、マリオは上層部から評価され、さらに同僚たちにとっても働きやすい環境をつくることに成功したのです。

組織の力関係の問題に直面したときに、どんな行動を選ぶかは人それぞれです。「背徳者」に分類される人は自分の利益のことだけを考えますが、一方で「殉教者」タイプの人は、ひたすら他人のニーズを満たすためだけに動くか、あるいはどんなに反対されても大義のために闘うでしょう。そして「愚か者」は感情に流される傾向があるので、衝動的な行動にエネルギーの大半を浪費してしまう。

しかし、「成功者」は、一時の感情に流されることなく、卓越した組織スキルを発揮することができます。彼らは常に大きな目標を見据え、自分にとっても、組織全体にとっても利益になる行動を選んでいるのです。

組織スキルを劇的に高める7つの「レバレッジ・ブースター」

ここまで読むと、レバレッジはまるで魔法の薬のようです。あなたもおそらく、どうすればそれが手に入るのか知りたいと思っていることでしょう。残念ながら、最高権力者の地位に自分を昇進させるのは不可能ですが、組織スキルさえあれば、さまざまな方法で自分のレバレッジを上げることはできます。次からは、どんな状況でも使える「**レバレッジ・ブースター**」を見ていきましょう。

◎結果を出す力

組織の競争力を高める、生産性や効率性を上げるといった結果を出せば、自分のレバレッジを上げることができます。その際に特に有効なのは、重要な意思決定者に自分の能力を認めてもらうことです。10年来の案件を最終的な契約まで持っていった、会社の目玉となるような新製品の開発に成功したといった結果を出せば、レバレッジのゲームで大きく前進することができます。

とはいえ、この「結果を出す力」を使えるのは、なにも花形の仕事をしている人だけではありません。自分の仕事がどうやって組織に貢献できるかを考え、そのための独創的な方法を編み出せばいいだけです。たとえば、ショップ店員であれば、商品の陳列方法を変えるだけで、売上を200パーセント伸ばせるかもしれません。結果が劇的であればあるほど、手に入るレバレッジも大きくなります。

◎知識の力

自分の仕事の達人になりましょう。どんな仕事であっても、その仕事に詳しい人は、周りから貴重な情報源として一目置かれるようになります。達人になることが特にものを言うのは、いわゆる「専門職」と呼ばれる職業の人たちでしょう。専門職とは、法律、報酬体系、ITなど、ある分野に関する深い知識が必要とされる職業です。

とはいえ、知識の力を活用できるのは専門職の人たちだけではありません。たとえば、カスタマーサービスのスタッフも、顧客の苦情や好みについて膨大なデータを持っているでしょう。一般の事務職に携わる人も、効率的な事務手続きに関する知識がとても豊富です。受付係は、訪ねてくる顧客やベンダーとおしゃべりをする機会がたくさんあるので、彼らの貴重な情報を得ることができます。つまり、仕事の種類に関係なく、どんな人でも誰かの役に立つ知識を手に入れられるということです。

◎態度の力

それでも、あなたは「私はただの組織の歯車だ。結果や知識の力で影響力を発揮できるようになれるとは思えない」と言うかもしれません。でも、あきらめてはいけません。一緒に働くのが楽しい人になるだけでも、レバレッジを大幅に高めることができます。そのためのコツは、友好的で、協力的な態度を保ち、喜んで周りの助けになることです。

この「態度の力」が特に力を発揮するのは、逆境に立ち向かうときです。不当な扱いを受けた、軽んじられたと感じるような状況であっても、ネガティブな感情を表に出してはいけません。何か不満に思うことがあるなら、冷静に、プロらしく訴えることが大切です。感情に任せて不満をぶちまけるのは、レバレッジを確実にゼロにする方法にしかなりません(自分の感情に正直に生きることは大切だと信じているなら、それは組織で生きるための知性が完全に欠けているということです)。

◎ 共感の力

自分の話に共感してもらえるのは嬉しいものです。私もワークプレイス心理学者として、クライアントが職場の問題を安心して誰かに話せるだけで、かなり大きな効果があることを何度も実感してきました。もちろん、だからといって、あなたが職場のお悩み相談を一手に引き受ける必要はありません。そんなことをしたらむしろ逆効果でしょう。ここで大切なのは、相手の気持ちを本気で理解しようと努力すること。そうすれば、あなたが「いつも自分のことだけ」の人ではないと示すことができます。

もちろん、言うまでもないことですが、相談された内容は誰にも話してはいけません。秘密を漏らすのは、信頼を失う確実な方法です。

◎ ネットワークの力

組織内でポジティブな人間関係を築くということも、組織スキルの一部です。所属集団で自由に働いている人々は、できるだけ多くの人とポジティブな関係を築くことで、自分のレバレッジを高めています。あなたには、情報や手助け、アドバイスが必要になったときに、頼りにできる人がどれくらいいるでしょう？　そういった人たちの総数が、あなたが持つネットワークです。

この「ネットワークの力」はどんな人でも手に入れることができ、その数に上限はありません。社内や社外のネットワークが広いほど、仕事で成果を出すことができ、その結果としてレバレッジを高めることもできます。それに加えて、他の会社に転職するのが最善の解決策だというときには、社外のネットワークを生かして希望通りの仕事を見つけられるというボーナスもあります。

◎巻き込む力

自分の意思決定、行動、プロジェクトに協力してくれる人が多いほど、よりよい結果につながります。性格的にひとりでいるほうが好きだという人は、むしろ意識的に周りを巻き込む力を身につけるようにしたほうがいいでしょう。「成功者」は、自分の分野の中でネットワークをつくるだけでなく、他分野とつながることにも積極的です。

残念ながら、人間には自分と似ている人に引き寄せられるという性質があるために、同じ職種の人だけ、あるいは同じ部署の人だけで固まってしまうことが多いのです。そういった障壁をなくす努力をすれば、自分のレバレッジを高められるだけでなく、会社の業績向上にも貢献できるでしょう。

◎距離を置く力

仕事に情熱を持つのは大切なことですが、情熱がありすぎるのも問題です。仕事熱心な人は周りから信頼され、発言力も高まるでしょうが、仕事に対する思い入れが強すぎる人は、えてして頑固になり、変化や批判を受け入れられなくなる傾向があります。しかも頑固な人は、一緒に働くのが面倒な人というレッテルを貼られやすい。

つまり、仕事との間に適切な距離を置き、物事を客観的に眺める能力は、レバレッジの向上につながるということです。中立的で、冷静な判断ができる人物という評判を確立すれば、さまざまな人から頼りにされるようになるでしょう。そして周りから頼られるほど、あなたのレバレッジも大きくなります。

｛実践｝

1 自分のレバレッジを計算しよう

・次ページの表を参考に、この章に登場したレバレッジ・ブースターそれぞれについて点数をつけます。合計が18点から21点の人は、おめでとうございます！　あなたはすでにかなりのレバレッジを持っています。間違いなく大きな成果を上げることができるでしょう。11点から17点の人は、その気になればレバレッジを高めるチャンスはあります。そして10点以下だった人は、これからかなりがんばらなくてはなりません。

・点数をもっと伸ばす必要があると感じた人は、まずは自分に特に足りない分野を特定しましょう。その分野で点数を上げるために今すぐにできることは？　それを実行するための具体的なステップを考えます。職場での行動や、人との関わり方を、どのように変えたらいいでしょう？

・職場でのエネルギーの使い方をふり返りましょう。目標達成に近づく行動にエネルギーを注いでいるでしょうか？　それともレバレッジの低い行動にエネルギーを浪費しているでしょうか？　エネルギーの使い方を変えるとしたら、どこに集中させればいいでしょう？

Figure
#005

レバレッジ・ブースター	あてはまる	ややあてはまる	あまりあてはまらない
結果 私は組織にとって間違いなく プラスになる結果を出している	3	2	1
知識 私は組織にとって 大いに役に立つ情報を持っている	3	2	1
態度 私はほぼすべての人から 協力的で頼りになると思われている	3	2	1
共感 私は周りから問題や心配事に ついて相談を受けることが多い	3	2	1
ネットワーク 私は部署を問わず組織内に たくさんの知り合いがいる	3	2	1
巻き込む 私は自分の意思決定やプロジェクトに 他の人も巻き込むようにしている	3	2	1
距離を置く 私は状況を客観的に見られる 人だと周りから思われている	3	2	1
合計	小計	小計	小計

{実践}

2 レバレッジ方程式の計算ミスをなくそう

・自分のレバレッジを正しく計算できなかった状況、つまり自分が持つレバレッジを過小評価、あるいは過大評価した状況を思い出しましょう。そういうことはよく起こりますか？

・トップの交代や組織再編で、レバレッジがシフトしたいちばん最近の例を思い出しましょう。あなたはそこからどんな影響を受けましたか？　レバレッジの変化が自分にとって不利になることが多いと感じますか？

・過去にレバレッジのシフトで不利になったり、レバレッジの計算を間違えたりしたことがあるのなら、その状況についてよく考えます。その状況をやり直せるとしたら、どこを変えますか？　将来、同じような状況になったら、自分にどんなアドバイスをしますか？

第4章 敵と味方を見分けて利用する「組織で自由に働く人」は

どんな組織であっても、不当な目にあわされたと嘆いている人がいると、どこからともなくこんな声が聞こえてきます——「ここでは実績なんて関係ない。誰とコネがあるかがすべてだよ」

不当な目とは、昇進や昇給がかなわなかったことかもしれないし、あるいは望んだ仕事が与えられなかったことかもしれない。実際に、このセリフの半分は本当です。組織の力学という観点から考えると、**組織の中でいい思いができるかどうかは、実績が半分、コネが半分といったところでしょう。**

コネで大切なのは、あなたが誰を知っているかではなく、誰があなたを知っているか、です。残念な仕事ばかりしていると、どんなに社内で人気がある人でも、いずれ必ず評判を落とすことになります。その一方で、どんなにすばらしい仕事をしても、適切な人に自分の存在を認識してもらわなければまったく意味がないのも事実です。

ここで思い出してもらいたいのは、**ほぼすべての意思決定は主観的だということ**。そのため、自分の思い通りの意思決定を導き出したいなら、主観的に意思決定を行う人たちからよく思われていなければなりません。組織で自由に働く人たちは、誰でも次の真実を心得ています。

よい人間関係は組織で生きる人に欠かせない資産である

たいていの人は、相手のことが好きであれば、その人の助けになりたいと思うものです。でも、もし相手のことが嫌いなら……まあここは、その人の支援者になることはないだろうという表現にとどめておきましょう。

支援者や仲間がいることは、あなたのレバレッジを高めてくれます。逆に敵や反対勢力がいることは、レバレッジを下げる要因になります。仲間の数よりも敵の数のほうが多くなったら、あなたはもう終わりです。たとえ大きな力を持つ経営幹部であっても、仲間がいなければどうにもなりません。

昔のクライアントに、まったく仲間をつくらないＣＥＯがいました。秘書から生産現場の社員、それに大口の顧客にいたるまで、相手が誰であろうと絶対に親しくなろうとしないのです。

数字だけを見れば、彼はすばらしい業績を上げていましたが、取締役会は結局、彼を解任することにしました。CEOは社内で絶大な権力を持つ存在ですが、他人と協力して働くことができないという欠点だけのために、すべてのレバレッジを失ってしまったのです。

仲間が多いほど、達成できることも増えるのはたしかです。しかし、あまりにも世間知らずになってはいけません。**組織内でうまく立ち回るには、敵の存在をきちんと認識することも絶対に必要です。**

これがスポーツであれば、誰が敵であるかはユニフォームの色を見るだけでわかります。あなたのユニフォームが赤なら、青いユニフォームを着た人からパスを回してもらえることはないでしょう。相手が勝てば、あなたは負けです。

しかし、ビジネスの人間関係はそこまで敵と味方がはっきりしていません。もしスポーツと同じくらいはっきりしていたら、組織で生きるのもさぞ楽になることでしょうが、ビジネスではまず敵か味方かを自ら把握する必要があります。

「友人」「パートナー」「人脈」という3つの仲間を取り込む

仲間はあなたに、情報やアドバイスを与えてくれます。何かあったら助けてくれるし、あなたの支えになってくれる。組織での生活で、仲間ほど貴重な資産はないでしょう。危険な敵と対決することになったら、頼りになる味方ほどありがたい存在はありません。文字通り、命の恩人になってくれます。

メーガンを採用すると、ブラッドはすぐに大きな間違いだったと後悔しました。面接ではきわめて好印象でした。メーガンは独創的なアイデアをいくつも提案するし、明るくて話しやすい。ところが実際に働き始めると、ブラッドはすぐにメーガンの態度が鼻につくようになったのです。

メーガンは落ち着きがなく、何かを最後まで考える前に、すぐ別の考えに飛びつきます。用があるときもすぐに見つからず、いつもどこかで誰かとおしゃべりをしている。しかも、ブラッドの提案をことごとく無視するのです。そのため、会社で人員削減が決まると、ブラッドはこれを口実に、波風を立てずにメーガンに辞めてもらおうと考えました。

ところが、人員削減の候補にメーガンの名前を書いて提出すると、上司がブラッドのところに来て言いました。「メーガンを辞めさせるなんてとんでもない！　彼女のおかげで職場がどんなに明るくなることか！」。どうやらメーガンは、ブラッドの上司（つまりメーガンにとっては上司の上司）と仲良くなっていただけでなく、大きなプロジェクトで成果も上げていたようです。メーガンは多くの部署に友だちがいて、それに仕事の能力も認められている。そんな評判が口コミでさらに広まり、メーガンはすっかり社内の人気者になっていたのです。

メーガンは、社内に強力な支援者のネットワークを築いていました。彼女はただ自然にふるまい、その結果として仲間が増えただけなのか、それとも計算したうえでの行動なのかはわかりませんが、どちらにしても効果は同じです。メーガンには、仕事を失わずにすむだけのレバレッジがあったのです。

「仲間」に分類される人には、大きく**「友人」「パートナー」「人脈」という3つのカテゴリー**があります。

「**友人**」に入るのは、たとえば仲のいい同僚です。彼らとは、共通の趣味があったり、気が合ったりする。仕事やプロジェクトや目標に関係なく、お互いに好きだから一緒にいる関係です。人間の集団でそれなりの時間をすごすと、こういった「非公式の仲間」が自然とできるものです。外向的な人は自然に友人をつくることができますが、内向的な人は努力が必要になるかもしれません。

しかし、ここで気をつけてもらいたいのは、同僚はあなたの人柄と能力を区別して評価するということです。人間的には大好きだけど、仕事の面では評価しないということはよくあります。どんなに仲のいい同僚でも、仕事ができなければ昇進のサポートはしませんし、重要なプロジェクトからも外すでしょう。職場で仲のいい友人から、人柄だけでなく仕事の能力も評価されていたら、その友人は味方としてより頼りにできる存在になります。

「パートナー」とは、仕事上で協力しなければならない関係にある人たちです。お互いに目標を共有しているので、どちらかの行動がもう一方の成功にも影響を与えることになります。たとえば、プロジェクトチームのメンバーなら、チームの全員にそれぞれの仕事をきちんとやってもらう必要があります。経理担当は、各部署のマネージャーから正確な数字をあげてもらわなければ、自分も正確な会計報告を書くことはできません。一方で各部署のマネージャーは、部署のリソースを効果的に管理するために経理部の情報を必要としています。

あなたの行動が相手の仕事に影響を与える（あるいはその逆）のであれば、それは「パートナー」の関係です。パートナーは自分で探す必要がありません。仕事をしていれば必ず存在するからです。

パートナーは、あなたが有能で協力的だと確信できなければ仲間になることはありません。あなたの行動が、彼らの成果も左右するからです。手抜きの仕事をしたり、期限を守らなかったり、相手を軽んじる行動を取ったりしたら、パートナーは一瞬にして敵に変わってしまうでしょう。パートナーが友人でもあれば仕事はもっと楽しくなりますが、相手のことがそれほど好きではなくても、仕事のために協力的な仲間にならなければなりません。

組織スキルのない人たちは、パートナーをライバルと勘違いすることがよくありますが、パートナーは、強力な仲間になる可能性を秘めた存在です。彼らのことはできるかぎり有効に活用すべきであり、敵対するなどもってのほかです。生まれつき負けず嫌いだという人も、プロジェクトに参加するときや、誰かと目標を共有しているときは、競争心のスイッチをオフにしなければなりません。その負けず嫌いの精神は、パートナーに勝つことではなく、期待以上の仕事をすること、過去の成果を超えること、ライバル会社に勝つことのほうに向けるべきでしょう。

パートナー同士で競争すると、誰もが負けることになります。

「**人脈**」とは、助けや情報が必要なときに頼ることができる人たちです。普段の会話で「あの人には人脈がある」と言う場合、それは「あの人は目標を達成するために助けを求められる人を知っている」ということになります。

以前、私の事務所である問題が起こりました。こちらからクライアントに送ったメールが、クライアント側のパソコンの不具合で、何度送ってもスパムとして削除されてしまうのです。何人かの専門家やマネージャーに相談しましたが、問題は改善されません。

そこで私は、自分の人脈を使い、ある情報システム部の部長に調べてもらいました。その部長とは、何年も前に一緒に仕事をしたことがあるというだけの間柄ですが、ときどき頼みごとをできるくらいには友好的な関係を築いていました。それがここでいう「人脈」です。彼が何をしたのかはわかりませんが、とにかくメールの問題はすぐに解決しました。

ときには、一時的な協力関係がお互いにとって利益になるという理由から、誰かとつながることもあります。たとえば本物の政治の世界では、所属する政党は違っても、同じ法案に賛成することがある。その法案がどちらの政党にとっても利益になるからです。ビジネスの世界でも、このような協力関係には価値があります。ただ仲間ではないという理由だけで協力を拒んだりしたら、貴重なチャンスを失ってしまうでしょう。

若手プロダクトマネージャーのダニエルは、中国に進出しようと会社に提案していましたが、上層部はあまり乗り気ではありません。そこで私が、そのアイデアの後ろ盾になってくれそうな人はいないかを尋ねると、彼は「国際セールス部のマネージャーかな」と答え、「でも正直なところ、彼のことはあまり好きじゃないんです。だからこの話はまだしていません」と言いました。

個人的な感情はともかくとして、ダニエルはこの国際セールス部のマネージャーと話をしなければなりません。もし中国のプロジェクトがうまくいけば、２人にとって利益になります。むしろセールス部の後ろ盾がなければ、おそらくこのプロジェクトに未来はないでしょう。

人脈が広いほど、アクセスできる情報が増え、より多くの問題を解決できるようになります。とはいえ、「人脈」に分類される人たちとの関係は、「友人」や「パートナー」との関係とは違い、そこにわかりやすい親密さがあるわけではありません。だから、あまり人脈を頼りすぎるのも禁物です。「人脈」の人たちにあまりにもたくさんの頼みごとをすると、相手は離れていってしまうでしょう。

有益なネットワークを築くために、今すぐやるべきこと

ある経験豊かな人事マネージャーが、こんな身も蓋《ふた》もないことを言っていました――「内向的な人は仕事を失う」

私自身は、物静かで控えめでも優秀な人たちをたくさん見てきたので、この言葉には賛成できません。それでも、そこに一抹《いちまつ》の真実があることも否定できません。他人との交流を避ける人は、どうしても仲間が少なくなる。そして仲間が少ない人は、いざというときに弱い立場になります。

真の意味での「成功者」は、いつでも友人、パートナー、人脈の強固なネットワークを築いています。特に意識することなく、自然にこれができる人もいれば、意図的な戦略として行っている人もいます。

誰とでも友だちになれるような性格ではなくても、有益なネットワークを築くことは可能です。ただし、それなりに時間をかけて、同僚について知ろうとする努力は必要でしょう。タスク重視の人たちは、人付き合いを「時間の無駄」と考えがちですが、彼らがわかっていないのは、そういった**「無駄」な関係が、仕事でいい結果を出す助けになってくれる可能性があると**

いうことです。

予期せぬ大惨事に見舞われ、ほとんど没交渉だった同僚の助けが必要になった場面を想像してみましょう。2人の間に信頼関係はなく、しかもストレスの多い状況なので、あっという間に相手のあら探しや非難合戦になってしまう。それでは問題を解決することもできず、将来に向けてポジティブな関係を築くこともできません。

自分の周りに壁をつくるのも、仲間を増やせない原因になります。似たような人たちだけで固まるのも、壁をつくる行為の1つでしょう。これは「**クラスタリング**」と呼ばれる状態で、群れる人たちは、年齢、性別、人種、国籍など、デモグラフィックの特徴が似ている人たちだけで集まる傾向があります。

私は、新しいグループに話しかけるとき、いつもクラスタリングに気をつけています。たとえば、女性だけのテーブルと男性だけのテーブルがあるのなら、これは要注意の状態といえるでしょう。この「女性」と「男性」を、「アフリカ系アメリカ人」と「白人」、「中国人」と「韓国人」、「中高年」と「若者」などに代えても同じことです。

「**レイヤリング**」は、組織で発生するこれと似たような状況で、同じ階層（レイヤー）の人たちだけで固まるという意味です。仕事上どうしても話さなければならないという場合をのぞき、経営陣は経営陣だけと話し、マネージャーはマネージャーとだけ話し、専門職は専門職とだけ話す、というような状態です。

「**トンネルビジョン**」とは、まるでトンネルの中にいるように、目の前のことしか見えなくなる状態です。自分の部署のことしか見えていない、あるいは自分の仕事のことしか見えていないと、「職場のトンネルビジョン」の状態になり、ごく狭い視野でしか会社のビジネスをとらえられなくなります。

自分と同じような人たちだけと付き合っていれば、たしかに安心で居心地がいいでしょう。とはいえ、そうやって狭い世界に閉じこもっていると、多くのチャンスを失ってしまうのも事実です。「結局はコネがすべてだ」というような文句をよく言う人ほど、自分から積極的に知り合いを増やそうとはしていません。

それでは、あなたならどうするべきでしょうか？　いざというときに頼りになる仲間をつくるには、どうすればいいのでしょうか？　次からは、その方法を具体的に見ていきましょう。

◎つながるべき人を見きわめる

もっとも重要な仲間は、あなたが目標を達成する助けになってくれる人たちです。もし昇進が目標なら、あなたの昇進を後押ししてくれるマネージャーが、知り合うべき人になるでしょう。他の部署への異動が目標なら、希望する部署に知り合いはいるでしょうか？　転職が目標なら、目指している仕事をすでにしている人と知り合う必要があります。まず目標を決めて、それから目標達成の助けになってくれそうな人を探しましょう。

◎知り合いを増やすチャンスを探す

一日中パソコンの前に座っているのも、昼休みはずっとひとりで本を読んでいるのも、決して悪いことではありません。とはいえ、いつもそれでは新しい人と知り合うチャンスはゼロでしょう。目標達成の助けになってくれそうな人が見つかったら、次のステップは、その人と知り合いになることです。

相手の仕事について話を聞きたいとリクエストし、会う時間をつくることは可能でしょうか？　あなたの仕事についての話でもかまいません。その人と会社のカフェテリアで一緒になることはありますか？　あるいは、職業別の団体に参加してもいいかもしれません。ワークショップやセミナーに参加するという方法もあります。

私自身、最初のマネージャー職に就いたきっかけは、ある会議で幹部の隣に座り、おしゃべりをしたことでした。その６週間後、彼から電話があり、彼の下で働くことに興味はないかと言われたのです。

◎付き合いやすい人になる

廊下を歩いているときに、前からやって来た同僚が、あなたに気づくとあわててトイレに逃げ込んだ——よくこんな経験をする人は、ネットワークづくりに苦労するでしょう。大切なのは、職場で「会えると嬉しい人」になること。思わず避けたくなる人になってはいけません。

あなたにとって、職場でいちばん会えると嬉しい人のことを考えてみてください。彼らはどんな人ですか？　おそらく彼らを説明するとき、「有能」、「頼りになる」、「親しみやすい」、「明るい」、「おもしろい」、「性格がいい」といった言葉が登場するでしょう。ネットワークをつくりたいなら、あなた自身もそういう人にならなければなりません。

◎予測できる人になる

ジキルとハイドのように性格がコロコロ変わる人は、周りにとって大きなストレスになります。日によって気分が大きく変わると、周りの人は常に「今日はどんな気分だろう」と心配しなければなりません。

私の知るマネージャーで、気分の浮き沈みがとても激しい人がいます。元気な日は一緒にいてとても楽しいのですが、元気のない日は暗く、不満だらけで、不機嫌をまき散らす。今日はどんな彼女が現れるのかは誰にも予測できません。そのため周りのスタッフや同僚は、今日は元気なほうの日だと確信できるまで、安心できないのです。

◎快適な空間の外に出る

自分と似た人とばかり付き合う人は、たいてい未知のものを恐れる傾向があります（本人はそう認めないかもしれませんが）。あえてリスクを取り、自分とは「違う」人たちとも話す努力をすると、相手のほうも、あなたが自分に興味を持ってくれたことを歓迎するでしょう。

今度、新しい人とランチの約束をしてみましょう。違う部署の同僚に会って、彼らの仕事について話を聞いてもいいかもしれません。社内の階層で自分よりも上の人、または下の人からフィードバックを求めるという方法もあります。安心できる「いつものメンバー」の外に出ると、自分でも驚くほど多くのことを学べるでしょう。

◎接点を探す

同盟関係は、たいてい共通の興味、体験、意見などから生まれます。このような「接点」を見つけ、相手との間に個人的なつながりを築き、将来の会話につなげるのです。たとえば、お互いに子どもがいますか？　ペットを飼っている？　出身地が同じ？　旅行が好き？　仕事の経歴が似ている？　周りの人たちの話に耳を傾け、適切な質問をしてみましょう。

ただし、ここで1つ気をつけてもらいたいことがあります。宗教や政治といった話題は、相手を傷つける恐れがあるので避けたほうが無難でしょう。例外は、相手も自分と同じ意見、あるいは相手が論戦を歓迎するタイプだと確信できる場合だけです。

◎人助けをする

「それは私の仕事ではない」という態度でいると、ほぼ間違いなく、仲間になりうる人を遠ざけてしまいます。特に「パートナー」に対してその態度はいけません。助けの手を差し出せば、相手との間に橋を築くことができます。だから自分が何か手伝えるチャンスをいつも探すようにしましょう。

周りにたくさんの仕事を抱えて困っている人がいたら、あなたは手伝いを申し出るでしょうか？　有益な情報をシェアするでしょうか？　協力的な態度で周りに接していますか？　我を張らずに妥協することができますか？　もしあなたが、強くて自立したタイプの人なら、たまには周りの助けを受け入れてみましょう。ほとんどの人は、助けてもらえたらお返しをしたいと思っています。

圧倒的な成果を上げたいなら仲間は絶対に必要です。周りの人の参加や協力なしに目標を達成できる人はいません。それに仲間がいれば仕事がやりやすくなり、楽しく働くこともできるでしょう。

なぜ人は自分が損をするバカげた行動を取るのか？

仕事で関わるすべての人が、冷静で、理性的で、率直で、正直で、公明正大だったらどんなにいいでしょう。残念ながら、そんな夢を見ている人は、たいてい人生のある時点で痛い思いをすることになります。

職場の人間はすべて敵だと考える必要はありませんが、それでも敵に一度も遭遇せずにキャリアを終えられる人はほとんどいません。**組織で生き残るスキルがある人は、敵を的確に見分け、正しく対応することができます。**

敵になるかもしれない人を見つけたら、まず自分に質問をします。最初の質問は、「自分の判断は本当に正しいか？」です。この人は本当に敵なのか？　それともただ何にでも反対するタイプの人というだけなのか？

よくわからないうちから「敵」というレッテルを貼ってしまうと、それがいわゆる自己充足的予言になってしまうかもしれません。単にイライラさせられるだけで、基本的には無害な同僚でも、あなたのよそよそしい態度に気づけば、相手も似たような態度を取るでしょう。あなたはそれを見て、「この人はやっぱり敵だ」とますます確信を深めるわけです。こうなると2人の関係は負のスパイラルに陥り、もはや回復不能の状態になってしまうかもしれません。

すべての敵はあなたにとって厄介《やっかい》な存在ですが、厄介な人がすべて敵というわけではありません。組織で自由に働く人はそれをよくわかっているので、ただ「難しい人」という理由だけで人を遠ざけたりはせず、そんな人たちともうまくやっていく方法を探ります。

真の敵とは、あなたが目標を達成するのを妨げる人です。

よく考えた結果、ある人物はたしかに自分の敵だと判断したとしましょう。そこで、「この人の狙いは何か?」という質問が登場します。相手の動機を探りましょう。最初のヒントは、次の人間心理の大原則の中に見つかるかもしれません。

すべての行動には目的がある

私たちが何かをするのは、欲しいものを手に入れるためです。「でも人間は、自分自身を困らせるようなバカなこともたくさんしますよ?」と、あなたは言うかもしれません。たしかにその通りです。しかし、そのバカなことから、実は心理的な恩恵を受け取っているのです。

人のあら探しばかりする人は、自分が上に立ったようでいい気分になれる。たとえそのせいで周りから避けられても本人はおかまいなしです。すべてを自分の思い通りに動かそうとするマイクロマネジメントは、たとえそのせいで多くの部下が辞めることになっても、自分がコントロールしているという感覚が手に入る。難しい決断をいつも先延ばしにする人は、そのせいで将来的には大きな問題になるとしても、自分の不安をやわらげることができる。

このように、**誰がどう見てもマイナスの結果にしかならないような行動でも、本人にとっては何らかの利益になっているのです**。あなたはその利益が何なのかを見きわめなければなりません。

動機を基準に敵を分類すると、**「目的」「感情」「復讐」の３つのグループ**に分けられます。

「目的」のグループに入る敵は、ただ自分の目的のためだけに動いていて、あなたが彼らの目的の邪魔になっています。だから、あなたに対して個人的な恨みがあるわけではありません（そうは思えないかもしれませんが）。

昇進したい、ある特定の仕事が欲しい、自分の権限を大きくしたいといったキャリアの野心が目的の人もいるでしょう。たとえば、マネージャーに昇進したいという野心が強すぎるあまり、ことあるごとに自分の成果を自慢し、同僚を批判するという間違った戦略を選んでしまう人がいます。同僚を無能に見せることで、自分を有能に見せようという魂胆《こんたん》が誰の目にも明らかだと、すぐに同僚たちから敵認定されてしまうでしょう。この態度が極端になると、それはただの野心家ではなく、自分のキャリアのためなら喜んで他人を踏みつけにする「背徳者」になります。

「目的」のグループには他にも、自分の意見や考えをゴリ押しするばかりで、周りのニーズや懸念を一切無視するというタイプの人がいます。こういった人たちの多くは、重度の「トンネルビジョン」を患《わずら》っているといっていいでしょう。

私が最近会った製品開発チームは、あるエンジニアリングマネージャーのせいで、知らず知らずのうちに窮地に陥っていました。会社では職種をまたいだ製品開発プロセスを導入しようとしていたのですが、このマネージャーは頑として参加を拒否するのです。

マネージャーの考えでは、製品開発はエンジニアだけの仕事であり、他の職種のスペシャリストと呼ばれる人たちは、エンジニアの縄張りに侵入しようとしている。新しいプロセスの開始にあたってミーティングが行われたのですが、チームのメンバーは、マネージャーの判断で参加しませんでした。

なぜエンジニアのチームから1人も参加していなかったのかと尋ねられると、そのチームのエンジニアの1人はこう答えました。「私たちには本物の仕事があるからね。無駄な話し合いに時間を費やしている暇はないんだよ」。これでは社内の空気が悪くなって当然です。

私が見たところ、こういった敵対的な態度を取るのは、経理部、人事部、法務部など、サポート的な仕事をする部署がかなり多いようです。自分たちが決めた方針を徹底させることで頭がいっぱいで、ビジネス全体のニーズが考えられなくなっているのでしょう。この態度が極端になると、大義のために闘う「殉教者」の誕生です。彼らは自分が正しいと信じるものだけに向かって邁進《まいしん》し、他者の視点は一切無視です。

2つ目の**「感情」のグループ**に入る敵は、「目的」タイプとはまったく違います。彼らは感情のコントロールというものがまったくできません。常に感情の大きな波に振り回されています。彼らの支離滅裂な行動の裏には、深く根づいた怒りや不安が存在し、それが彼らの理性を奪っているのです。

感情的な敵を見分けるもっとも確実な方法の1つは、あなただけでなく、すべての人にとって頭痛の種であるかどうかです。陰口を言われたと勘違いして、怒鳴り合いのケンカを起こす。食事会に招待されなかったことを根に持って、口を利かなくなる。ミーティングで自分の話を真剣に聞いていない人がいると、テーブルを叩いて声を荒らげる。こうした問題行動は、自分の感情をコントロールできないことが原因です。

とはいえ、「感情」グループの敵が、みなわかりやすく激情型なわけではありません。中には「かわいそうな自分」を演出するタイプの人もいます。自分は不安で、傷つきやすく、無力な存在だというのです。ある女性は、そんなかわいそうな自分を演じて上司から１５００ドルを引き出すことに成功したのですが、その後で上司が知ったのは、その女性は同じ部の男性の半数からお金を借りて、まったく返していなかったということです。

「感情」グループには他にも、対立を専門とするタイプもいます。誰かがアイデアを提案すると、そのアイデアがうまくいかない理由だけを答える。「いい天気ですね」という言葉には、「雨になるだろう」と返す。いつもこんな調子では、話しかけてもいいことなど1つもありません。多くの人から付き合いにくい人間だと思われています。もうおわかりかもしれませんが、「感情」グループの敵はたいてい「愚か者」に分類されます。

さらに手強く、さらに付き合いにくいのが、最後に登場する「**復讐**」**グループ**の敵です。彼らは間違いなくあなたを標的にしている。つまり、あなたに対して個人的な恨みがあるということです。好運に恵まれれば、この種の敵に遭遇することはないでしょうが、もし遭遇してしまったら要注意！　彼らの中には敵意をむき出しにしてくる人もいます。

あなたが会話の中に入ろうとすると、あからさまにすぐにその場を離れてしまう。ミーティングであなたの発言を無視し、提案をバカにしてくる。常にあなたのミスに目を光らせ、不平不満を上司に漏らす。そうした敵が、ほとんどの人からは協力的で付き合いやすい人だと思われていることもあります。その場合、相談しても、周りの人はなかなか信じてくれません。これはかなりつらい状況です。

敵の中でも特に厄介なのは、ステルス攻撃をしかけてくる人たちでしょう。彼らは面と向かっては敵対してきません。彼らの戦略は、辛辣《しんらつ》な嫌味を言ったり、周りにはわからないように足を引っぱったり、冷たい態度を取ったり、あなたを下げるような発言をしたりすることです。

彼らの標的になってしまったら、しばらく疑心暗鬼に悩まされることになるでしょう。それは当然の反応です。自分がステルス攻撃の対象になっていると感じたら、あなたにできるダメージコントロールは、相手と正面から向き合い、自分の評判を守るために行動を起こすことです。

残念ながら、ステルス攻撃の標的がそれに気づくのは、たいていすでに取り返しのつかない事態になってしまってからであり、そうなっても原因や犯人に気づかないこともあるのです。

敵には必ず何らかの目的があります。あなたに害を与えたいという人もいれば、ただ自分のことだけを考えている人もいる。しかしすべての敵に共通しているのは、あなたを貶《おとし》めようとしていること。彼らの動機が解明できたら、次はその対応策を考えなければなりません。

敵の対処法には「法則」がある

◎「目的」グループの敵への対処法

目的のはっきりした敵にとって、あなたの存在は邪魔でしかありません。彼らの行動によって、あなたは簡単に組織内の権力闘争に巻き込まれてしまうでしょう。しかし、その手に乗ってはいけません。どちらが上かで誰かと争うと、周りからは非協力的な人だと思われてしまいます。争いは周りの人を不安にさせます。それに相手を怒らせ、いずれ仕返しされるでしょう。

権力闘争が一度始まってしまうと、おそらく誰かが負けることになります。前に登場した、製品開発スペシャリストとエンジニアリングマネージャーの例を思い出してみましょう。マネージャーがミーティングへの出席を拒否すると、製品開発スペシャリストはすぐにその件を社長に直接報告し、マネージャーは社長からもっと協力的になるようにと注意を受けることになりました。

しかし、このやり方には2つ問題があります。1つは、たいていの経営幹部はこのような部署間の争いに巻き込まれるのを嫌うということ。幹部の多くは仲裁役が苦手なので、自分を争いに巻き込んだ人にはいい感情を持ちません。つまり、争いを上層部に持ち込むと、自分の立場が危うくなるかもしれないということです。

もう1つの問題は、社長への告げ口はマネージャーをさらに怒らせてしまうということ。腹を立てた人がステルス攻撃を始めるのはよくあることです。あなたがまったく気づかないうちに、何らかの致命傷を与えられてしまうかもしれません。

この問題を建設的な形で解決したいのなら、製品開発スペシャリストは、もっと相手を敵に回さない方法を選ぶ必要があります。

「目的」グループの敵を相手にする場合、**望ましい結果は彼らを味方に引き入れること**です。これを実現するには、相手に次の2つのことを信じてもらう必要があります。1つは、彼らの目標とあなたの目標が衝突しないこと。もう1つは、あなたに協力すれば彼らの成功にもつながるかもしれないということです。

先ほどの例で考えると、エンジニアリングマネージャーを味方に引き入れるために、製品開発スペシャリストたちは、まず彼が何を心配しているのかを理解し、そのうえで製品開発プロセスを新しくしても、彼の部署に何らかの問題が及ぶことはないと納得してもらう必要があります。それに加えて、新しいプロセスはむしろ彼が輝くチャンスになると思ってもらえれば、あるいは最低でも問題が少なくなるということを納得してもらえれば、彼と仲間になることも決して不可能ではありません。

とはいえ、「目的」グループの敵の中には、どうしても味方にできない人もいます。**そういう人に対して必要なのは「抑止」です**。一般的に、もっとも効果的な抑止戦略はあなた自身のレバレッジを高めることであり、そのレバレッジの中にしばしば含まれるのが「もっと力のある人、またはもっと影響力のある人からのサポート」です。

たとえば、同僚がなりふりかまわずあなたの仕事を狙ってきたら、影響力のあるマネージャーの何人かを味方につける必要があるでしょう。あるいは、あなたにとって重要なプロジェクトに資金が回らないように、誰かが画策しているとします。そんな場合は、しかるべき人にプロジェクトがうまくいっていることを伝え、メリットを納得してもらうという方法があります。

敵の中には、自分のテリトリーを拡大するために、力ずくであなたのテリトリーを奪いにくる豪腕タイプもいます。その場合は、自分のテリトリーを守ることも「抑止」の行動に含まれるかもしれません。

◎「感情」グループの敵への対処法

このタイプの敵に対処するコツは、彼らの行動の動機を理解することです。彼らがあなたに敵対するのは、あなたの行動に原因があるのではなく、彼ら自身のニーズに原因がある。一般的に、職場では誰もが大人としてふるまうものと思われていますが、「感情」の敵はどちらかといえば子どもです。癇癪《かんしゃく》を起こす、ふてくされる、徒党を組む、権力闘争をしかける、目立ちたがる、不機嫌になる。彼らがこうやって子どものようにふるまうのは、特定の人物や集団を相手にしているときだけではありません。「感情」タイプは、たいていの人にとって頭の痛い存在です。

「感情」グループの敵を相手にするときにもっとも大きなリスクは、**相手につられて自分も感**

情的になり、その結果として墓穴を掘ってしまうことです。営業マンのナビルもこの罠にはまってしまいました。ナビルは営業マンとして圧倒的な成果を上げていたのですが、ウォルターというマネージャーの下で働くようになってから歯車が狂い始めます。

ウォルターは、疑り深く、言い訳が多いという評判で、ときには人を真っ向から侮辱《ぶじょく》することもある。誰に対しても意地悪だったので、ウォルターの下で働く人のほとんどは、他の地区に異動になるまでの辛抱だと思い、黙って耐えていました。

ところが、ナビルとウォルターの相性は最悪だったのです。ナビルは一見すると自信満々ですが、それは不安を隠す仮面でした。それがウォルターの下で働いていると、対人スキルから出張スケジュールまで、ありとあらゆることが批判の対象になる。ナビルはすっかり自信を失ってしまいました。コミュニケーション教室に通ったり、タイムマネジメントのワークショップに通ったり、パーソナルコーチを雇ったり、さらにはセラピーにまで通ったりもしました。すべては自分の欠点を直し、ウォルターのお眼鏡にかなうようになるためです。

しかし、こういったことに多大な時間とエネルギーを費やした結果、仕事のほうがおろそかになってしまいました。セールスの目標を達成できず、事態はさらに悪化します。ウォルターの批判が、実は傷つきやすいナビルの心にグサグサ刺さり、いつもは冷静な大人としてふるまっているナビルも、つい子どものように感情的に反応してしまいました。

ウォルターは昔から嫌味な上司という評判だったのですから、ナビルもここまで気にするべきではありませんでした。ウォルターに認められるためのさまざまな努力も、すべてエネルギーの無駄づかいでした。なぜなら、ここでの問題はナビルではなく、ウォルターだったからです。ナビルがどんなにがんばろうとも、ウォルターが変わらなければ何の意味もありません。

「感情」グループの敵が仲間に変わる例もないわけではありませんが、それよりも「抑止」のほうが現実的な対処法です。相手の性格を変えようとするのはやめましょう。そんなことは、プロのカウンセラーか薬の力でも借りなければムリな話です。あなたが目指すのは、ただ相手の問題行動を減らすこと――特に自分に対する問題行動が減ればいいだけです。

ここでカギになるのは、**あなた自身が自分の反応をコントロールすること**。なぜなら相手の狙いは、まさにあなたから感情的な反応を引き出すことだからです（ときには敵自身が意識していないこともありますが）。常に落ち着き、理性と冷静さを保ちましょう。怒りをぶちまけても何の反応も引き出せないとわかると、彼らもいずれは落ち着くものです。相手を挑発しても、そのたびに冷静な質問で返されたら、口論してもしかたがないと悟るでしょう。泣いても同情されないとわかればすぐに泣きやみます。

しかし、このルールにも1つだけ例外があります。相手が完全に取り乱していて、まったく自分をコントロールできない状態になっていたら、あなたにできることは何もありません。唯一の解決策は、ただ関わり合いにならないことだけです。

「感情」グループの敵が自分の上司である場合は、きちんと計画したダメージコントロールが必要になります。たとえばナビルであれば、上司のウォルター対策として次のステップが必要になります。

❶ ウォルターは単なる「愚か者」であり、彼に認められるためのさまざまな戦略は無駄な努力だということに気づく。

❷ セールスの目標を達成すること、あるいは目標を超えることに集中する。

❸ 自分の味方になってくれる仲間のネットワークを強化する。上層部にいい印象を与えられるチャンスを最大限に生かす。

❹ ウォルターと話すときは、相手が何を言おうと常に冷静さを保つ。

❺ 仕事で必要なとき以外はウォルターと関わらない。自分から進んでターゲットになる必要はまったくない。

もちろん、この状況のストレスがあまりにも大きくなったら、他の職場を探すというのが、ナビルにとってベストの選択肢になるでしょう。

「感情」タイプの敵を相手にするのは、まさにあなたの自己コントロール力が試される瞬間です。集中力を研ぎ澄ませ、相手の理不尽な言動に惑わされることなく、目の前の目標を達成することだけを考える。相手からのサポートなど期待してはいけません。感情的になりやすい人というのは、自分の内面のドラマにばかり夢中になっているので、他人を助ける余裕などないからです。

◎「復讐」グループの敵への対処法

まず大前提として、「復讐」グループの敵はつくらないように努力しましょう。たしかに生まれつき復讐心が強い人というのも存在しますが、きわめて例外的な存在です。たいていの場合、彼らはあなたがしたこと（もしかしたら無意識のうちにしたこと）に対して恨みを抱いているのです。

「復讐」グループの敵を仲間に変えるには、**まず自分の行動をふり返らなければなりません**。自分に復讐心を抱いている敵がいるけれど、なぜ自分が恨まれているのかまったくわからないという場合は、正面から問題解決に取り組むというアプローチを試してみましょう。相手が合理的に考えられる人で、あなたが対応を間違えなければ、このアプローチはたいていうまくいきます。

ただし、条件があります。それは、本心から相手との関係を改善したいと思うこと、そして言い訳や自己弁護に走らないこと。たとえば、次のような言葉から対話を始めます。「私たちの関係はあまりうまくいっていないようだけど、私にはその理由がよくわからない。２人で話し合って、状況を改善できないか考えてみたいのだけど、どうだろう？　あなた自身はこの状況についてどう思う？」

　相手の反応はいくつか考えられます。何が問題か説明してくれるかもしれないし、ただ「うるさい」と一蹴するかもしれないし、「問題なんてない」とうそぶくかもしれない。相手がどう反応しようとも、あなたはただ冷静に、辛抱強く、相手の視点がわかるまで話を続けなければなりません。そのうえで、自分の行動で変えるところを提案する。

　自分には変わる意志があるということを相手に伝えたら、今度はあなたも、相手に変えてほしいところを要求することができます。このアプローチがうまくいけば、相手の敵愾心《てきがいしん》もやわらぎ、もしかしたら味方に引き入れることもできるかもしれません。少なくとも、働く環境が改善されることは間違いないでしょう。

　ただし、相手が話の通じない人の場合は、この問題解決アプローチは忘れ、すぐに抑止に向けて動かなければなりません。まずは将来の攻撃から自分を守ることに集中しましょう。上司に問題を伝えて状況を知ってもらうことで、この先また攻撃されても、今までとは違う結果になるかもしれません。同僚たちを味方に引き入れ、自分のネットワークを強化することも有効です。

最終手段は、相手に直接話し、人前で自分を侮辱するのはやめてほしいと要請することです。はっきりと自分の思いや立場を主張することは、自分はもうやられっぱなしにはならないという意思表示でもあります。その結果、仲良しになることはないでしょうが、それでもあからさまな攻撃は減り、ストレスレベルが改善されるかもしれません。

敵との関係には決まったパターンがあり、あまりにもパターン通りであれば、一種のゲームとしてとらえることもできます（もちろん楽しいゲームではありませんが）。ゲームが始まったと気づいたら、まずパターンを解析しましょう。そこから次の行動を選ぶことができます。

{実践}

1 3つのネットワークの強度を測定しよう

・仲間を「友人」「パートナー」「人脈」の3つのカテゴリーに分け、次ページの表を参考に仲間を評価しましょう。カテゴリーごとに、自分の状況にもっともあてはまる文章にチェックを入れます。

・ビジネスの目標、プライベートの目標を達成するために、誰のサポートが必要ですか？ その人たちは、すべて現在の仲間のネットワークの中に入っていますか？ 友人、パートナー、人脈のうち、今のままでは足りないとはっきりわかっているカテゴリーはありますか？

・必要な仲間がまだそろっていないなら、その理由を考えます。仕事の状況が問題なのか？ 自分の性格が問題なのか？ 自分と似た人とだけ付き合う傾向が問題なのか？

・次の2つのリストをつくります。

❶ 今はつながりがないけれど、この先仲間になってもらいたい人のリスト

❷ この先仲間になってもらいたいので、関係を改善しなければならない人のリスト

そこから、それぞれといい関係を築くためにできる行動のリストをつくります。

Figure
#006

友人

- [ ] 職場の多くの人と友好的な関係を築いている。
仕事に関する共通の関心についてよく話をする。
プライベートについてもお互いに知っていることがいくつかある。
- [ ] 仕事以外の人生で興味や情報を共有する人が職場に何人かいる。
とはいえ職場での会話のほとんどは仕事関連だ。
- [ ] 職場ではほとんど仕事のことしか話さない。
プライベートや仕事以外の活動について話すことはめったにない。
同僚たちのことは好きだが、個人的なことはほとんど知らない。

パートナー

- [ ] 私は職場で信頼されている。つねに協力的で、頼りになり、
能力がある人物だと思われている。
- [ ] 一緒に仕事をする人たちの一部とはとてもいい関係を築いている。
しかしそれ以外の人との関係はそれほどポジティブなものではない。
同僚の中には、私のことを非協力的、
あるいは頼りにならないと思っている人もいるかもしれない。
- [ ] 一緒に仕事をする人と関係がこじれることが多い。
口論や意見の相違がよく起こる。
お互いになるべく顔を合わせないようにしている。

人脈

- [ ] 仕事関連の情報が欲しいときや、問題解決の助けが必要なときに
頼れる人がたくさんいる。組織内のほとんどの場所に人脈がある。
- [ ] 自分の所属するチーム以外にも、仕事関連の情報が欲しいとき、
問題解決の助けが必要なときに頼れる人が何人かいる。
しかし、組織内には知り合いがまったくいない場所もたくさんある。
- [ ] 自分の所属するチーム以外で知り合いはほとんどいない。
他の部署の情報が必要なときは、
たいてい誰に連絡すればいいかわからない。

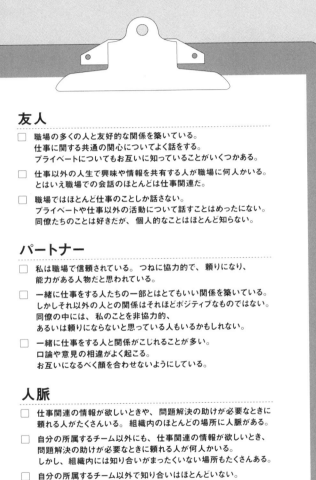

｛実践｝

2 敵を見きわめ、対策を練ろう

・自分の敵について考え、何人か思い浮かんだ人は、次ページの表を参考に彼らを分析してみましょう。ここで1つ注意しなければならないのは、ただイライラする人と敵は違うということ。相手の行動をよく観察し、本当に敵かどうかきちんと見きわめましょう。

・表の「どう対応するべきか?」から戦略を選んだら、次のステップはより具体的な行動計画を立てることです。相手と友好的な関係を築くためにできることは何か? あるいは、相手の影響力を小さくし、自分の影響力を大きくするために何ができるか? 選んだ戦略ごとに、最初に取るべき行動を決めましょう。

・相手が自分に敵対するのは、もしかしたら自分の行動に原因があるかもしれないと考えてみましょう。もしそうなら、この先同じような問題を起こさないために、今の状況から学べることとは何でしょう?

Figure
#007

敵の名前は?

彼らの目的は?

- ☐ 自分の目標を達成すること
- ☐ 自分の感情的なニーズを満たすこと
- ☐ 自分が不当な扱いを受けたと思い、その仕返しをすること
- ☐ あなたの人生を破壊すること

どう対応するべきか?

- ☐ 友好的な関係を築く努力をする
- ☐ 問題解決の対話を自分から始める
- ☐ 相手に脅威を与えるつもりがないことを示す
- ☐ 相手の悪い行いに報酬を与えるのをやめる
- ☐ 他の人たちに対する相手の影響力を小さくする
- ☐ 他の人たちに対する自分の影響力を大きくする
- ☐ 境界線を決め、自分の立場を守る
- ☐ その他には?

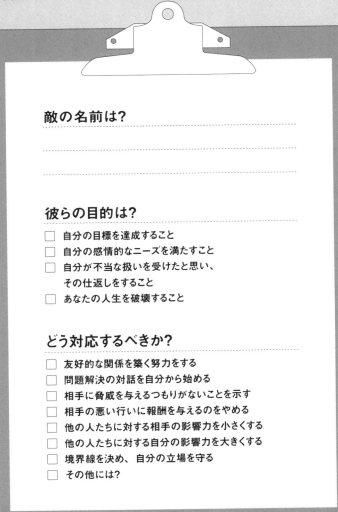

POLITICAL SKILL

Part 2

「組織の力学」の落とし穴にはまらないために

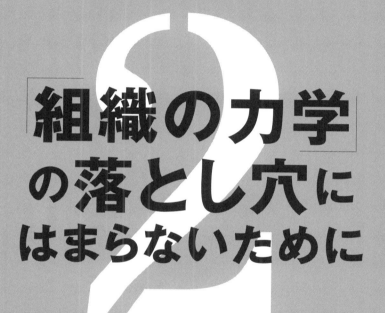

第5章
「組織内ゲームの勝者」である
リーダーとは

テッドとラッセルの間ではまさにゲームが進行中でした。このゲームには、名前もなければ、ルールもありません。ただ敵対する2人の人間と、決まったパターンの動きがあるだけです。

背景を説明しましょう。テッドは長年にわたって、サザン製作所の人事ディレクターを務めていました。担当していたのは社内でもっとも大きな地区です。それに対してラッセルは、他の会社からサザン製作所に転職し、人事部長に就任しました。つまり、後からやって来たラッセルがテッドの上司になったということです。

ラッセルの就任からほどなくして、テッドは「うちの会社の文化がわかっていないよそ者」への辛辣な批判を口にするようになりました。これがゲームの始まりです。ラッセルのチームには、彼を採用したCEOがいます。一方でテッドのチームには、彼の長年のメンターである社長がいる。そして2年の間に、次のような大きな動きがありました。

❶ **ラッセル：**就任直後に新しいポリシーを導入し、長年続いていた社内の慣習を変えた。

❶' **テッド：**社長の承認を受け、自分の地区ではラッセルの新ポリシーのいくつかを導入しないと宣言した。

❷ **ラッセル：**CEOの承認を受け、人事部の組織再編を行った。テッドは自分の役職と報酬は維持できたが、部下のほとんどを失った。

❷' **テッド：**社長から指名を受け、通常であれば部長が率いる大きなプロジェクトのリーダーになった。これでラッセルは、公の場で恥をかかされたことになる。

❸ **ラッセル：**古い友人でもあるエグゼクティブ・リクルーターと連絡を取った。そのリクルーターは、テッドのためにニューヨーク州北部で今よりも好条件の仕事を用意した。

❸' **テッド：**その仕事のオファーを喜んで受け入れてニューヨーク州に引っ越したが、現地の寒さと雪になじめずに大変な苦労を味わうことになった。

テッドはこのオファーの裏にラッセルがいたことにまったく気づいていませんでした。ラッセルは心の中で密かに「勝利宣言」を出しました。

このゲームを通じて、テッドとラッセルが直接やり合うのを目撃した人は誰もいません。それどころか、2人はミーティングの席ではよく楽しそうに冗談を言い合っていました。それでも2人の間で火花がバチバチ飛び散っていることは、周りの誰もが知っている公然の秘密でした。

進行中のゲームに気づける「サイン」

組織内部の駆け引きはオフィスライフの日常風景ですが、一方でゲームには具体的な目的があります。そして、特に毒性の強いゲームが始まると、普段の駆け引きがまったく違うレベルまでエスカレートしてしまいます。ここで、ゲームが進行中であることに気づくためのサインをいくつか紹介しましょう。

◎プレーヤーの行動に「決まったパターン」がある

そのパターンに気づけば、プレーヤーたちの行動を完全に予測できるようになります。テッド対ラッセルのゲームでは、お互いに妨害と仕返しをくり返すのがそのパターンでした。

◎行動に感情的な報酬がある

組織のゲームには、プレーヤーがいい気分になれるという側面もあります。テッドもラッセルも、自分の策略が成功し、相手が公衆の面前で屈辱を受けるたびに、勝利の美酒に酔いしれることができました。

◎真の動機が明かされることは絶対にない

ゲームのプレーヤーは、いつでも自分の行動にもっともらしい理由をつけます。テッドとラッセルの行動も、本人たちに言わせれば、完全に合理的なビジネス上の決断でした。それでも見る人が見れば、その裏に隠れた動機があることはすぐにわかります。

◎勝者は常に誕生し、敗者はときどき誕生する

ゲームの目的は自分が勝つことです。そしてときには、相手を負かし、恥をかかせることが目的になることもあります。テッドとラッセルのゲームでは、何か動きがあるたびに、一方が勝者になり、もう一方が敗者になりました。しかし皮肉なことに、最終的に勝利を収めたのはラッセルでも、テッドはそのことにまったく気づいていません。テッドはただ、自分はゲームを降りただけだと考えています。

◎ゲームを変えようとすると必ず抵抗にあう

ゲームのプレーヤーは、ゲームのパターンを壊そうとする人がいると、それが誰であっても

必ず抵抗します。ゲームから得られる感情的な報酬を失いたくないからです。たしかに彼らの行動は愚かで自滅的です。それらの行動がもたらす「いい気分」を合理的に分析するのは、ほぼ不可能だということを覚えておきましょう（もちろん、感情それ自体にも独自の合理性はありますが）。

テッドとラッセルのゲームでも、何人かの善意の同僚が、部署全体の利益のために2人の争いを解決しようとしましたが、2人とも相手への仕返しにばかり夢中になり、大きな絵がまったく見えていませんでした。

一般的に、組織のゲームは、**「パワーゲーム」「エゴゲーム」「回避ゲーム」の3つのカテゴリー**に分類されます。そして忘れてはならないのは、これらのゲームは職場だけにとどまらないということ。友人や家族を相手にゲームをしかけることもよくあるのです！

「パワーゲーム」に勝つ方法

パワーゲームのプレーヤーの目的は、より多くのレバレッジを手に入れることか、あるいはすでに持っている力をひけらかすことです。悪意のあるプレーヤーもいれば、ただ自分のことしか見えていないプレーヤーもいる。すべてのパワーゲームは、誰かが他者に対して何らかのアドバンテージを手に入れるために始められます。

次に、パワーゲームに含まれるさまざまなゲームについて詳しく見ていきましょう。

おべっかゲーム：「あなたはすばらしい人ですね。だから私を好きになってください」

マネージャーのアルバートは、マーケティング部長と会って話をしました。アルバートは部下にあたります。

「それで、この新しいマーケティングプランについてどう思う？」と部長が尋ねると、「すばらしいと思います！」とアルバートは熱心に言いました。「このプランが実行されれば、売上は天井知らずですよ！」

次のスタッフミーティングで、アルバートはそのマーケティングプランをスタッフたちに共有しました。すると「でも、こんなプランを実行する時間なんてありますか？」と、１人のメンバーが尋ねました。「ただでさえ人手不足の状態です。新しいプロジェクトに人手と時間を割いていたら、今の顧客へのサービスがおろそかになってしまいます。その結果、顧客を失ってしまうかもしれない」

「その問題については認識している」とアルバート。「でも、とにかく時間を見つけてくれ。これは上からの命令だ。従うしかない」

「でも、部長と話したんですよね？　そのときにこの問題について指摘はしなかったんですか？」と、別のメンバーが尋ねると、アルバートはこう答えました。

「上のアイデアを批判するのは私の仕事ではない。上のアイデアを実現するのが私の仕事だ。みんな私のモットーを知っているだろう。『ボスをハッピーにするのが第一』。さあ、だからとにかくみんなで方法を考えてくれ！」

◎パターンを読む

おべっかプレーヤーは、すべてのエネルギーを上に向けています。上司に称賛のシャワーを浴びせ、しょっちゅう下手に出て指導を仰ぎ、上司の意見に面と向かって反対することなど絶対にありません。上級者になると、組織の上層部に取り入るチャンスを常にうかがっている状態です。

◎感情的な報酬

「力のある人から好かれていると安心できる」

◎プレーヤーがはまる落とし穴

❶ おべっかプレーヤーは、たいてい同僚から無能だと思われています。そのため同僚の仲間はできません。

❷ 予想外の問題が起こると、おべっかプレーヤーは上司から恨まれることになる。問題点や悪いニュースを上司に伝えなかったためです。

❸ 率直な意見やフィードバックを求める上司にあたると、おべっかプレーヤーはそこで運の尽きです。

◎ゲームを暴く

ゲームを止めたいと思うなら、それまでに観察したパターンや、プレーヤーの隠れた動機を暴くという方法があります。おべっかプレーヤーと個別に話せるなら、自分が気づいたことを率直に伝えるといいでしょう。ただし、他の人もいる場で話すのであれば、もっと間接的な表現が適しています。

◎ 対抗策

対抗策とは、不毛なゲームを終わりにして、もっと生産的な活動に専念できるようにするための戦略です。上層部が特別におべっかにだまされやすいのなら別ですが、たいていの場合、おべっかゲームはただ周りをイライラさせるだけで、そこまで有害ではありません。

ただし、おべっかプレーヤーのせいで正しい情報や率直な意見が上に伝わらないなら、大きな問題につながる恐れがあります。ここでの対抗策は、率直な議論ができる環境を整えることになるでしょう。

❶ おべっかプレーヤーの本心を探る

おべっかプレーヤーの本心が知りたかったら、彼らと一対一で話してみましょう。上の人間が近くにいなければ、彼らも安心して自分の意見を（もし意見があるのなら）言うことができるでしょう。

❷ ミーティングで指摘する

彼らの本心がわかっているなら、討論の場で適切な質問をして本心を引き出すという方法もあります。ただし、いじめのようになってはいけません！　あなたの目的は、彼らの本心を引き出すことであり、彼らを悪者にすることではありません。相手を陥れるようなことをすれば、あなた自身もゲームのプレーヤーになってしまいます。

❸ おべっかプレーヤーの正反対の存在にならない

おべっかプレーヤーは上司に取り入るのがうまいので、それと比較された同僚たちは、なんとも無愛想でかわいげがなく見えてしまいます。あなた自身はそうならないように気をつけましょう。何か意見を言うときは、前向きで、協力的な印象を与えなければなりません。

◎ゲームの終わり

おべっかゲームの終わり方は２通りあります。１つは、プレーヤーが上に取り入るのをやめ、自信を持って自己主張ができる人間になること。もう１つは、おべっかを嫌う上司がやって来ることです。

支配ゲーム：「私に指図をするな」

「気をつけたほうがいいよ」と、シェリーの同僚は言いました。「マットが今週末もまたあなたの上司とゴルフをするみたいだから」。このニュースを聞いたとたん、シェリーの心は暗く沈みました。

シェリーの部署に異動してきて以来、直属の部下となったマットは徹底してシェリーをないがしろにしてきました。シェリーの仕事は自分のものだと確信しているからです。マットはことあるごとにシェリーに口論をふっかけ、情報を求められても無視し、仕事の相談をめったにしてきません。

さらにここに来て、シェリーの上司にも取り入るようになりました。ときどきランチやゴルフに同行しているようなのです。「どうにかしないといけないのはわかっているけれど」と、シェリーは友人に言いました。「でもマットと話すといつもイヤな気分になるから、放っておいたほうがましだって思ってしまうの」

◎パターンを読む

支配ゲームのプレーヤーは、他者からの指導やアドバイスを嫌います。彼らは2つのタイプに分かれます。1つは、自分が支配者になって周りに指図するのが好きなタイプ。そしてもう1つは、人の上に立つ気は毛頭ないけれど、自分の行動にあれこれ口を出されるのを極端に嫌うタイプです。マットはおそらくこの2つを合わせた混合タイプになるでしょう。

◎感情的な報酬

「私は自分のやりたいようにできる」

◎プレーヤーがはまる落とし穴

❶ 支配ゲームはしばしば無意味な権力闘争になり果て、そして生産的な活動に使うためのエネルギーが奪われてしまいます。第三者から見れば、子どもみたいなケンカはやめて仲良くやれとしか思えないでしょう。

❷ このゲームでは、たいてい誰かが敗者になります。マットは自分ではうまくいっている気になっているかもしれませんが、そう簡単な話でもありません。上司を相手に支配ゲームをしかけるのはリスクが大きい。なぜなら、上司は自動的に部下よりも大きなレバレッジを持っているからです。

◎ゲームを暴く

ゲームであることを暴くときは、大人の態度で行わなければなりません。冷静さを保ち、ビジネスライクに徹すること。つまり、言いたいことをすべて口にしてはいけないということです。たとえばシェリーの立場なら、本心ではこう叫びたいでしょう。「マット！　なんであんたは影でコソコソと私を出し抜こうとするの？　本当にムカつく野郎ね！」

しかし、これではいけません。まずは落ち着いて、「見たところ、あなたは私の下で働くことに不満があるようね」などと切り出したほうがいいでしょう。

◎対抗策

相手が敵意をあらわにしてあなたを潰しにくるゲームでは、考えられる損害から自分を守ることが効果的な対抗策になります。支配ゲームのプレーヤーから標的にされていると感じたら、次の戦略を試してみましょう。

❶ 過度の権力闘争に巻き込まれない

自分も支配的な行動で反撃すると、相手と同じレベルまで落ち、さらに反撃をくらうことになるでしょう。自分のテリトリーを守ることは大切ですが、無駄な闘争に巻き込まれてはいけません。相手の悪口を言ったり、あからさまに相手の上に立とうとしたりするのは禁物です。

❷ 自分の立場を守る

自信のない人は支配ゲームで敗者になることが多い。なぜなら、相手の攻撃に簡単に屈するからです。誰かがあなたの地位を奪おうとしてきたら、「ここから先は許容しない」という境界線をきちんと定め、相手にも徹底させる必要があります。

❸ 高いレバレッジを持つ仲間との関係を強化する

支配ゲームはレバレッジのゲームです。そのため大切なのは、適切な力を持つ人を自分の味方に引き入れること。上司との関係を強化し、さらに経営陣に好印象を与えるチャンスも逃さない。そうすれば、レバレッジ方程式を自分の有利になるようにシフトすることができます。

❹ あくまでビジネスライクに問題を指摘する

相手の挑発に乗ってカッカするのではなく、あくまで仕事中心に話を進める。たとえばシェリーなら、「マット、仕事の進捗状況について定期的に報告してもらいたいの。今後は月１回のペースでプロジェクトの報告会を開きましょう」といった提案から始めるといいかもしれません。

❺ 相手の抵抗に合わせる

「抵抗に合わせる」というのは、セラピスト、セールスパーソン、武道家などが昔から使ってきたテクニックであり、効果も証明されています。これは簡単に言うと、相手に押されたら、こちらは押し返さないということです。それは、相手にやられっぱなしになるということではありません。ただ相手からの抵抗に反発せず、その抵抗を足がかりにして、より建設的な方向に話を進めていけばいいのです。

◎ ゲームの終わり

支配ゲームが終わるのは、お互いに相手への敵意が消え、協力して働けるようになったときか、あるいは弱いほうのプレーヤーが降参したときです。

仲間はずれゲーム：「私たちに合わせなさい。さもないと……」

マーカス社のエグゼクティブ・アシスタントとして働く6人の女性は、自分たちは他の秘書より上だと自負し、常にそれらしい見た目を保っていました。仕立てのいいスーツ、スタイリッシュな髪型、上品で完璧な化粧。彼女たちは毎日、会社のカフェテリアで一緒にランチを取り、月に1度は会社帰りに一緒に飲みに行く関係でした。

そこに新しいアシスタントのダーラが入社してきました。初めて顔を合わせた際に、彼女たちはがっかりしました。このダーラという女性は、化粧もせず、服装はコットンセーターと長さが足首まである花柄のロングスカート、髪型は伸ばしっぱなしの巻き毛です。それに彼女たちの基準で考えると、少し声が大きすぎ、所作もマナーもなっていないように映ります。

2週間もすると、ダーラは自分がのけ者にされていると感じるようになりました。他のアシスタントたち同士ではおしゃべりをするのに、ダーラのデスクはいつも素通りです。ランチの時間には、気づいたら他のアシスタントはみんないなくなっていて、ダーラだけが残される。

ダーラは、自分が何か悪いことをしたのかとアシスタントの1人に尋ねました。「なんで？

もちろんそんなことはないわよ」と、相手は冷たく答えました。「なんでそんなふうに思ったの？」

◎パターンを読む

仲間はずれにはターゲットが必要です。そしてターゲットになるのは、仲間のしきたりを守らない人。仲間はずれにされた人は、自分だけ集まりに呼ばれなかったり、おしゃべりの仲間に入れてもらえなかったりすることをくり返し、だんだんとそのことに気づいていきます。

ターゲットが会話に入ってくると、みんなすぐに会話をやめてどこかへ行ってしまう。仕事上どうしても話さなければならないときは、いつもどこかよそよそしい。それでも彼らは、自分たちの行動は普段通りだと言い張ります。問題があるなら教えてほしいと頼んでも、いつもはぐらかされてしまうのです。

◎感情的な報酬

「人に罰を与えることで、自分たちがより大きな力を手に入れた気分になれる」

◎プレーヤーがはまる落とし穴

❶これは本質的に幼稚なゲームなので、仲間はずれをする人は、周りから「子どもじみている」、「心が狭い」などと思われます。

❷仲間はずれにされた人は強い怒りを覚えます。その結果、報復の機会をうかがうようになるかもしれません。もしターゲットが大きなレバレッジを手に入れたら、仲間はずれにしたほうもうかうかしていられないでしょう。

◎ゲームを暴く

仲間はずれは暴くのが難しいゲームです。そもそもこのゲームは、仲間はずれにしていることを否定しなければ成り立ちません。強引に相手に仲間はずれを認めさせようとしても、ターゲットのほうが惨めなかまってちゃんに見えてしまうのがオチでしょう。

◎対抗策

仲間はずれゲームの対抗策では、ターゲットの孤独感をやわらげ、相手チームの結束を徐々に崩していくことが目標になります。

❶**自分をサポートしてくれる人をよそで見つける**

仲間はずれをしてくるグループを離れ、他のグループを見つけるだけでいいという場合もあります。たとえばダーラの場合、他の秘書のグループと一緒にランチを取ればいいかもしれません。

❷ 分割して征服する

仲間はずれのターゲットになった人は、いちばん意地悪なメンバーから離れ、もっと友好的なメンバーと仲間になることがよくあります。仲間はずれをする人たちは、同じグループであっても、ゲームに対する温度差があります。一般的には、1人か2人のリーダー的存在が積極的に仲間はずれを行い、対して他のメンバーは意地悪をすることに少し罪悪感を抱いています。同情的なメンバーとの間に強い関係を築けば、このゲームを早く終わりにすることができるかもしれません。

❸ 相手を怒らせている自分の行動を特定する

仲間はずれのターゲットのほとんどは、自分の何が悪いのかわかっていません。それに周りも問題を指摘してくれないので、直しようもない。そんなときは、グループの中で同情的なメンバーに話を聞けば、仲間はずれの原因になっている行動を発見できることもあります。

❹ それが妥当だと思えるなら自分を変える

ある仲間はずれのターゲットは、ひっきりなしにしゃべっていることが周りをイライラさせる原因でした。その態度を改善するのは妥当な努力といえるでしょう。ダーラの場合は、ただ周りのアシスタントに気に入られるためだけに、自分の髪型や化粧を変える必要はないかもしれません。ただし、そうしたほうがダーラ自身にとってもキャリアの目標達成に近づけるなら、考える余地はあるでしょう。

◎ゲームの終わり

仲間はずれゲームは、たいてい2つのうちのどちらかの形で終わります。1つは、グループがターゲットと最低限の口は利くようになること。もう1つは、ターゲットがグループを去ることです。仲間はずれは残酷な心理攻撃であり、ターゲットになった人は大きなストレスを抱えることになります。この種のプレッシャーに長く耐えられる人はほとんどいません。それに、耐えるべきでもないでしょう。

「エゴゲーム」に勝つ方法

すべてのエゴゲームは、プレーヤーが優越感を得ることが目的です。自分は他の人よりも賢い、善良だ、特別だと思いたいのです。犠牲者が必要なゲームもありますが、ただ自分をよく見せることができればそれでいいというゲームもあります。エゴゲームのプレーヤーのほとんどは、実際は強い不安や劣等感を抱えています。
さまざまなエゴゲームについて詳しく見ていきましょう。

優越感ゲーム：「私ってすごいでしょう？」

仕事の話があると呼ばれて同僚のもとに行ったシャーロットは、椅子に座るなりさっそくこう言いました。「今度大きなプロジェクトがあるの知ってる？　ＣＥＯからそのリーダーを私に任せたいって直接言われたの」

「すごいね！」と同僚は返しながら、「それで、聞きたいことがあるんだけど……」と本題に入ろうとしましたが、「今までこんな大役を任された人はいないんだって！」、「しかもね、日本に行ってそこのベンダーと会うことにもなっているんだ」とシャーロットは自分の話を続け、取り付く島もありません。

やがて「ちょっと待って」とシャーロットは言うと、鳴っている携帯に応答しました。「これは大事な電話だから出なくちゃならないの。話はまた後でね」。同僚はため息をつき、廊下の向こうに消えていくシャーロットの後ろ姿を見送りました。

◎パターンを読む

優越感ゲームのプレーヤーの言動は、ただ「私は重要だ。私は特別だ。私はなくてはならない存在だ」と伝えることだけを目的としています。会話を独占し、自慢し、他の人のニーズは無視する。過激なプレーヤーになると、現実の人生がそこまで華やかではない場合、つくり話をしてまで自慢しようとします。優越感ゲームのプレーヤーはたいてい1人で、ただ自慢話を聞いてくれる人を求めています。しかし、プレーヤーが2人になり、互いに競っていると、よくある「うちの犬はおたくの犬よりもかわいい」というような無意味な争いが始まります。

◎感情的な報酬

「周りから重要で特別な存在だと思ってもらえる」

◎プレーヤーがはまる落とし穴

❶ 自慢屋は周りを辟易《へきえき》させます。優越感ゲームのプレーヤーは、やがて同僚たちから相手にされなくなるでしょう。

❷ 自慢はどちらかといえば見え透いた手口なので、優越感ゲームのプレーヤーは周りから「自信がないんだな」と思われがちです。つまり本人の狙いとは正反対の結果になってしまうので

す。

◎ゲームを暴く

相手がそれとなくほのめかしているつもりのことをこちらがはっきり言ってあげると、このゲームは簡単に暴くことができます。たとえば先ほどのシャーロットが相手なら、「忙しいのにつまらない話で呼んでしまって悪かったね」などと言う。このときあなたは、誠実で、落ち着いた口調で言わなければなりません。自慢は自信のなさの裏返しなので、こちらがイライラしたり、皮肉を返したりすると、相手は傷つき、状況はさらに悪くなってしまうでしょう。

◎対抗策

優越感ゲームのプレーヤーは、ただ「すごい」と思われたいだけなので、周りはイライラしますが、破滅的な結果になることはあまりありません。ただし、プレーヤーの態度のせいで仕事に支障をきたすようになったら、やめさせる必要があるでしょう。

❶ ゲームに参加しない

相手が何を言ってきても、自慢話を返して上に立とうとするのは絶対にいけません。ただ際限のない自慢合戦になってしまうだけです。

❷ イライラする言動に報酬を与えない

自慢話や会話の乗っ取りをされても無視していれば、こういったイライラする言動はいずれ消えていきます。でも、義務感からたった1つでも掘り下げる質問をしてしまうと、そこから15分間は独演会を聞かされることになるでしょう。

❸ 問題行動をはっきりと指摘する

優越感ゲームのプレーヤーのせいで周りのパフォーマンスや生産性が低下しているなら、その行動をやめさせなければなりません。

❹ 相手の動機を思い出す

自分を重要人物に見せようとそこまで必死になる人は、たいてい自信がありません。優越感ゲームのプレーヤーは、必死に自慢をすることで自信のなさを埋め合わせようとしているのです。それを思い出せば、彼らに同情できるでしょう。

◎ゲームの終わり

プレーヤーが自慢をやめて、普通の人のようにふるまうようになれば、優越感ゲームは終了です。プレーヤーの中には、新しく知り合った人にだけ自慢話をして、相手が自分のことをきちんと知ってからは自慢をやめる人もいます。

見下しゲーム：「あなたは間違いなくバカだ。だから私は優秀に決まっている」

マネージャーのジョージは、部下のプレゼンテーションを3分ほど聞いたところで「そこでストップ！」と命令しました。「どんなバカでもわかることだが、きみの結論は間違っている。きみは戦略的思考ができるタイプだと思っていが、今となってはただの思考ができるかも怪しいもんだ。もうこれ以上聞きたくない」。そう言われた部下は、小さくなって席に座りました。同じ日、同僚がジョージのオフィスに立ち寄り、作成した提案書への意見を求めると、「まるでダメだな！」とジョージはばっさり切り捨てました。「かなりがんばってつくったんだけど……どこが問題なの？」と尋ねられても、ジョージはその言葉をさえぎり、「とてもがんばったようには見えないね」とだけ言い放ちました。

◎パターンを読む

見下しゲームには、1人のプレーヤーと、少なくとも1人のターゲットが必要です。このゲームのプレーヤーは、自分より下の人を見つけて自分を慰めるしかない惨めな存在なのです。皮肉と批判が得意で、まったく言う必要のない辛辣な言葉を投げつけてきます。

◎感情的な報酬

「自分の優越性を示すことで、自分が劣っていると思わなくてすむ」

◎プレーヤーがはまる落とし穴

❶見下しゲームを行うと、すぐに自分に恨みを持つ敵をつくってしまう。

❷周りを見下してばかりいる人は、優れているという印象を与えず、むしろ自分に自信がないのだなと思われてしまう。

◎ゲームを暴く

ゲームのターゲットになった人は、あえて冷静に相手が期待する反応をして、ゲームを暴くことができます。「ジョージ、あなたのおかげで自分の課題に気づきました」、「さすがはジョージ、頭がいいですね」などと言います。笑顔で言えればなおいいでしょう。

◎対抗策

見下しゲームのプレーヤーは、周りから文句ばかり言う人と思われているので、たいてい組織内での影響力はありません。きわめて付き合いにくい人たちなので、なるべく避けるようにするのが賢いストレスマネジメントになるでしょう。

❶ 相手が望むものを与えない

見下しゲームのプレーヤーがもっとも望むのは、ターゲットが屈辱のあまり身を震わせることです。だから、何を言われても平気な顔をしていましょう。攻撃されても冷静に対応すること。あるいは、ただ相手を憐《あわ》れむような表情を見せるだけで、後はそれまでの話を淡々と続けてもいいでしょう。

❷ 接触を最低限にする

わざわざ射撃訓練の標的になってあげることはありません。彼らと接触するのは必要最低限にとどめておきましょう。不運にも見下しゲームのプレーヤーの下で働くことになってしまったら、「愚か者」は自分ではなく上司なのだと自分に言い聞かせ、上司が変わるまでやり過ごすか、なるべく早く次の仕事を探すようにしましょう。

❸ 第三者の意見を求める

見下しゲームのプレーヤーの言うことを真に受けてはいけません。公平でメンタルの安定した第三者に、もっと客観的でバランスの取れた意見を求めるといいでしょう。

◎ゲームの終わり

このゲームの終わり方はただ1つ。それは、プレーヤーかターゲットのどちらかが去ることです。見下しゲームでは、プレーヤーの態度が変わることはめったにありません。

内輪ゲーム：「私たちの仲間に入りたいんだろうけど、入れてあげないよ」

マネージャーを務める9人が、四半期に1度の定例会議に集まりました。9人のうち特に古株の4人は、一緒に有給休暇を取ってゴルフをしに行くような仲です。いつも会議が始まると、4人はテーブルの同じ側に座り、4人だけで話している。4人のうちの1人が何か提案をすると、他の3人は必ず賛成します。

ところが、その定例会議の初日に、新しく入ったメンバーが、何も知らずに4人組の席の1つに座ってしまいました。彼の行動を「からかう」言葉がさんざん飛び交い、彼も事情を理解して、テーブルの反対側に移動しました。

◎パターンを読む

内輪ゲームには、立場の違う2つのグループが必要です。どちらのグループが「上」で、「上」のグループのメンバーになれる人はかぎられているということは誰もが知っていますが、それをはっきり口にしてはいけないことになっています。

内輪グループのメンバーは、だいたい同じような特徴を持っています。仲間はずれゲームとは違い、内輪グループのメンバーは部外者に対して意地悪をするわけではありません。ただ気心の知れた小さな集まりを楽しんでいるだけです。内輪グループとそれ以外のグループは友好的な関係を保っているかもしれませんが、その間に見えない壁が存在することは誰もが知っています（内輪グループのメンバーはそれを絶対に認めませんが）。

◎感情的な報酬

「特別なグループの一員になると、自分が特別な存在になったように感じる」

◎プレーヤーがはまる落とし穴

❶ 内輪グループからはじかれた人たちは、表向きは友好的な顔をしていても心の中では恨みを募らせ、やがて敵になるかもしれません。

❷ 分断のあるチームは、１つにまとまったチームほど効果的に機能することがめったにあり

ません。人間関係だけでなく仕事も悪影響を受けます。

◎ゲームを暴く

内輪グループの問題があるということを暴くなら、身の安全のために部外者メンバー同士で結束する必要があります。たったひとりでこの現状に立ち向かおうとすると、不適合者としてはじかれてしまうでしょう。

◎対抗策

内輪ゲームに対抗する目的は、仲良しグループを引き裂くことではなく、ただチーム全体の結束力を高めることです。

❶ 問題を公にする

事を荒立てずに内輪グループが存在することを指摘するには、ただ状況を見たままに描写するという方法があります。先ほどの例なら、「ミーティングが始まる前から結論が出てしまっているようだけど」、あるいは「いつもチームが2つに分かれてしまっていることがときどきあるようだ。それはなぜだろう?」などと言います。

❷ 一対一の関係を構築する

内輪グループのメンバー全員と一度に仲良くなろうとするのではなく、まずはメンバーの1人と友好的な関係を構築するという方法もあります。たとえば、アドバイスを求める、手伝いを頼む、あるいはただ週末にしたことを話すといったところから始めるといいでしょう。

❸ チーム全体が参加できる活動を提案する

チーム内の交流を増やせば、内輪グループが内輪だけで固まるのを防ぐことができます。お互いに相手をよく知るようになれば、内輪グループ以外の関係も自然と深まるでしょう。内輪グループとそれ以外のメンバーでプロジェクトチームをつくる、社会活動に参加するといった方法が考えられます。

◎ゲームの終わり

このゲームが終わるのは、内輪グループか部外者グループかに関係なく、チーム全体で自由に交流できるようになったときです。そうなると、もう「座ってはいけない席」のようなルールは存在しません。内輪グループが強硬に抵抗しなければ、この目標は簡単に達成できます。

「回避ゲーム」に勝つ方法

「回避ゲーム」の目的は、望ましくない結果を避けることです。これから紹介する2つのゲームでは、プレーヤーは積極的に非難を避けようとしているか、あるいは消極的に自分の責任を小さくしようとしています。

生贄ゲーム：「この問題は明らかにきみの責任だ」

婦人アパレルチェーン店を展開するハドソン・エンタープライズの経営チームは、渋い表情で年度末の決算に目を通していました。売上が前年度比で32パーセントも減少していたのです。「これは間違いなく広告の問題だ」とＣＥＯが言いました。「うちの広告は、お客を店舗に呼ぶことがまったくできていない」

「しかし、今年の広告キャンペーンは去年とほとんど同じです」と、マーケティング部長は言いました。「去年の売上はとてもよかった。変わったのは製品のほうです」

「製品を売るにはまず店に来てもらわなければならない」とＣＥＯも反論します。「今年は広告にその効果がなかったということだ」

「来店数は把握しています。実際、多くの人に足を運んでもらっている」と、マーケティング部長はさらに言います。「来店しても、何も買わずに帰ってしまうのです」

「それはつまり、広告が適切な顧客にアピールできていないということだ。おそらく昨年と同じキャンペーンを採用したことが間違いだったのだろう」とCEOは断言しました。

「ここ数年、うちの中心的な顧客層は変わっていません」とマーケティング部長。「ただ顧客が好む服を提供できなくなってしまったのです」

「今年の新スタイルはすばらしいじゃないか！」と、CEOも負けていません。「ほとんど私が選んだものだ。時代の変化に乗り遅れてはいけない。そして、きみの広告キャンペーンは時代遅れだ」

ミーティングが終わると、副社長が、さっきまでCEOとやり合っていたマーケティング部長に声をかけました。「あきらめたほうがいいよ。CEOが『これはマーケティングの問題だ』と主張するなら、それでもう決まり。事実がどうかなんてここでは関係ない」

◎パターンを読む

生贄《いけにえ》ゲームにはターゲットと問題が必要であり、プレーヤーは個人の場合もあれば、グループの場合もあります。ターゲットは問答無用で問題の責任をすべて負わされ、それ以外の可能性が考慮されることはありません。同僚間で生贄ゲームが始まると、お互いに責任をなすりつけ合うようになります。さらにゲームのレベルが上がると、1つの部署全体がプレーヤーになることもあります。

上司が常習的な生贄ゲームのプレーヤーだという場合、かなりやっかいな状況になります。なぜなら、上司には部下を罰するだけのレバレッジがあるからです。また、組織のメカニズムにうとく、上司を生贄ゲームのターゲットにしようとする人は、たいてい残念な結末を迎えることになるでしょう。

◎**感情的な報酬**

「もし私が問題の原因でないのなら、責任を感じる必要はなく、罪悪感や劣等感とも無縁でいられる」

◎**プレーヤーがはまる落とし穴**

❶ ターゲットとされた人は恨みを募らせ、今後何か問題が起きたときに仕返しをしようとします。

❷ 生贄ゲームでの成功は、たいていの場合、本当の問題は解決しないまま残されることを意味します。

◎**ゲームを暴く**

他の多くのゲームを同じように、生贄ゲームも、実際に起こっていることを冷静に描写するだけで正体を暴くことができます。たとえば先ほどの例の場合、「どうやら広告だけが問題だという結論になりそうですが、他にも原因となる要素があるかもしれません」などと言います。ここでターゲットに覚えておいてもらいたいのは、発言を疑問形にすると言い訳がましくならないということ。「問題の原因は広告だけでしょうか？」などの表現が考えられます。

◎対抗策

生贄ゲームの場合、対抗策の目的は、ターゲットだけに注目が集まるのを避け、議論の範囲を拡大し、問題の本当の原因を特定することです。上司が生贄ゲームの常習犯だというのなら、上司の責任逃れに対抗するにはかなりのエネルギーが必要になるでしょう。

❶ 口論にならないようにする

間違いや失敗を責められて嬉しい人などいません。そのため、生贄ゲームは激しい口論につながりがちです。ターゲットにされた人は、自分は不当に責められていると感じますし、その感覚はある程度まで正しい。しかし、彼らが真っ向から反論すると、周りもヒートアップし、全員が入り乱れての口論に発展してしまいがちです。

❷ 部分的な責任はあるかもしれないと認める

言い訳がましいと周りから思われないために、自分から進んで部分的な責任を認めるという方法もあります。「たしかに広告も原因の一部かもしれません。これから調べて、次のミーティングで結果をご報告します」

❸ 自己弁護はさりげなく

ターゲットにされた人は、真っ向から反論するのではなく、自分の発言の中にさりげなく盛り込むようにします。「広告もたしかに考えられる要因の1つですね。その他に、広告以外で売上減少の要因だと考えられるものは何があるでしょう?」

❹ 事実を入手する

ターゲットに与えられた最高の対抗策の1つは、自分の主張を裏づける事実や、問題の本当の原因を明らかにする事実を入手することです。

◎ゲームの終わり

生贄ゲームがチーム全体の習慣になっているなら、もっと生産的な問題解決の方法があるということにメンバーたちが気づけば、このゲームは終了します。ただし、上司が常習プレーヤーの場合、ゲームが終わるのは新しいボスが来たときだけです。

逃避ゲーム：「私はそれをやりたくない。だから私はそれをやらない」

キャリア最大の契約に取り組むカレンにとって、あと必要なのは社内弁護士が契約書を完成させてくれることだけでした。ところが、もう何週間も前に契約内容の詳細を伝えているにもかかわらず、弁護士は一向に契約書を送ってくれません。

今回の取引は内容が複雑なので、契約書をＣＥＯに見せて承認をもらう必要があります。弁護士が仕事を遅らせているのは、ＣＥＯと契約書について話すのが面倒だからだということは、カレンもわかっていました。

カレンはすでに催促のメールを３回送りましたが、「今は重要な交渉の最中なので、少し待ってください」「取りかかろうとしたら、急ぎの案件が入ってしまった」などと、言い訳の返答しかきません。現在、カレンは完全に無視されています。

◎パターンを読む

逃避ゲームは実質的に１人だけでプレーするゲームです。そして、たまたまプレーヤーと仕事上で関わりのある人が被害を受けることになる。このゲームを見分けるのは簡単です。誰かがイヤな仕事や難しい仕事を限界まで先延ばしにしていたら、それは逃避ゲームです。このゲームでは、さまざまな「できない言い訳」が登場します。

◎感情的な報酬

「イヤな仕事のことを考えなければ、不安を軽くすることができる」

◎プレーヤーがはまる落とし穴

❶ 逃避ゲームは周りの迷惑になるので、プレーヤーは将来の仲間を失ったり、不必要な敵をつくったりしてしまいます。

❷ 先延ばしによって大事な期日に間に合わないようなことになると、プレーヤーは重要人物に叱責されて窮地に陥ります。

◎ゲームを暴く

逃避ゲームを暴く方法は、プレーヤーの隠れた動機を指摘することです。「もしかしてこの仕事がやりたくないの？　ＣＥＯと話すのがイヤなんでしょう？」

◎ 対抗策

逃避ゲームでの対抗策では、プレーヤーを攻撃することなく、望みの結果を出すことが求められます。迷惑なプレーヤーを攻撃すれば、そのときは気分がすっきりするかもしれませんが、結局は先延ばしがさらにひどくなるだけです。

❶ 期日をあいまいにしない

逃避ゲームのプレーヤーを相手にするときは、必ず具体的な期日を決めなければなりません。守られないとわかっていても、決めることは大事です。そのうえで、自分のほうは相手が遅れることを前提にスケジュールを組みましょう。

❷ 難しい部分には手助けを申し出る

プレーヤーのために仕事の一部を肩代わりできるなら、全体のスピードアップにつながるかもしれません。「もしよかったら、私が今回の例外措置をすべて洗い出してCEOに確認してもいいけど？」。この戦略ではあなたの仕事が増えてしまいますが、自分でコントロールできる範囲も増えます。

❸ 自分のレバレッジを高める

相手を脅しているという印象を与えないように注意しながら、事を大きくするという方法もあります。「あなたが忙しいのはよくわかっているけれど、これは本当に大切な契約だから、もし遅れるならCEOにも知らせなければならない」

❹ CCの力を活用する

誰かを罰するためにメールのCC機能を使うのはよくありませんが、賢く活用すれば相手の問題意識を高めることができます。マネージャーなど、大きなレバレッジを持つ人たちもこの件について知っているということに気づけば、たいていのプレーヤーは重い腰を上げてくれるでしょう。ただし、逃避プレーヤーがあなたの上司の場合は注意が必要です。上司の問題を上層部に知らせるのは、どんな場合であってもリスクの大きい行動です。

◎ゲームの終わり

逃避プレーヤーは絶対に変わりません。そのため彼らと一緒に働くかぎり、彼らの先延ばしとうまく付き合っていく必要があるでしょう。

もし組織そのものが有害な職場だったら？

ときたまゲームが勃発するくらいなら大きな問題ではありませんが、**裏切りや足の引っ張り合いが日常になっているような職場なら、そこを離れてもっと健全な場所に移ったほうがいいでしょう。**

ときには、小さなサインが巨大な問題の存在に気づくきっかけになることもあります。ある組織でマネージャーとして働き始めたばかりのころ、私は上司から言われたごくささいな問題について、スタッフの１人に尋ねました。

「それならわかります」と、彼は即答しました。「私のファイルの中にメモがありますから」

「あなたのファイル？」と、私は困惑して尋ねました。

「そうです。私はすべて記録しているんですよ」と彼は答えました。「ここで自分の身を守るにはそれしかないんです」

私はきっと、かなり奇妙な表情で彼を見ていたのでしょう。彼はこうつけ加えました。「あなたもすぐに私の言葉の意味がわかりますよ」

半年も経つと、私はそのときの彼の言葉を噛みしめながら、自分もファイルをつくるようになっていました。

有害な職場で働くのは、虐待家庭で暮らすのに似ています。虐待のターゲットは現実の認識が歪み、自分に問題があるから虐待されるのであって、虐待する人は悪くないと考えることがよくあります。

カウンセリングで出会ったある女性のことを、私はずっと忘れないでしょう。彼女の夫は、彼女を殴るだけでなく、何も言わずに何日も家を空けることがよくあり、その間は水道や電気などのライフラインをすべて止めていたというのです。彼女は冷静で、魅力的で、知的な女性でした。それにもかかわらず、夫にされたことを一通り説明した後で、「これって普通ですか？」と尋ねたのです。

彼女はあまりにも長い間、この病んだ環境におかれていたために、結婚とはこういうものだ、これが普通の結婚生活だと思い込むようになっていました。有害な職場で長く働いている人も、これと同じような状況になります。次ページにあげた「有害な職場のサイン」を読み、いくつか思い当たることがあったら、面接のために新しいスーツを買いにいくことをおすすめします。

有害な職場が生まれるのは、たいていの場合、有害なリーダーシップが原因です。よかれ悪しかれ、経営陣の価値観や考え方が、会社全体の文化を決めています。もし自分の職場が不健全な環境なら、選択肢は2つあります。1つは、自分自身のストレス管理をしながら、経営陣の交代を願うこと。もう1つは、脱出です！　どんなに有害な環境でも、そこを離れてしまえば、あなたの人生はまったく影響を受けなくなります。

POLITICAL SKILL

Figure
#008

- ☐ 権力闘争や権力の濫用が日常的に行われていて、
現在も進行中だ
- ☐ つねに上司におべっかを使わなければならない
- ☐ 経営陣の関心は、 自分の権力を拡大することか、
自分の財布を太らせることだけだ
- ☐ 社員は本当に必要なときしか上司と話さない
- ☐ すべての部署が他の部署と戦争状態にある
- ☐ 管理職は社員の功績には関心を持たず、
失敗ばかりに目を光らせている
- ☐ 社員は保身にばかりエネルギーを注いでいる
- ☐ 何か問題が起こるとすぐに生贄探しが始まる
- ☐ 社員間のゴシップ、 相手を貶める言動、
責任のなすりつけ合い、 誹謗中傷が日常茶飯事だ
- ☐ 意見が合わないと個人攻撃や罵倒にまでエスカレートする
- ☐ 社員は 「私のやり方が気に入らないなら勝手にしろ」
という態度でめったに助け合わない
- ☐ 長すぎる残業時間が当たり前になっている
- ☐ 個人や家庭の問題に配慮する文化がまったくない

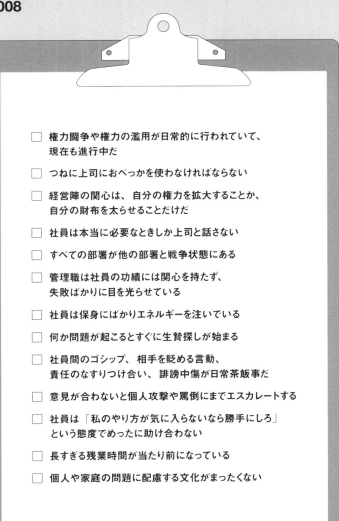

{実践}

1 職場でくり広げられているゲームを理解しよう

・一緒に働く人たちがプレーしているゲームにチェックを入れましょう。

・あなた自身も、いずれかのゲームに積極的に参加していますか？ もしそうなら、そのゲームをすることであなたにはどんな見返りがあるのでしょう？ 感情的な報酬は何ですか？ 自分はプレーヤーではない場合、周りでゲームが行われていることで、あなたの仕事に何らかの悪影響はありますか？ あるいは、ゲームのせいで働きにくい職場になっていますか？

・あなた自身がゲームのプレーヤーなら、どの行動を変えればゲームを止めることができますか？ ゲームを止めれば、重要な目標を達成する可能性は高まりますか？ あなただけでなく周りの人も、もっと気持ちよく働けるようになりますか？

・自分はゲームの部外者である、あるいはゲームのターゲットであるという場合、ゲームを終わりにして、すべての人がより生産的な活動に従事できるようにするために、あなたにできることはありますか？

POLITICAL SKILL

Figure
#009

- [ ] おべっかゲーム
- [ ] 支配ゲーム
- [ ] 仲間はずれゲーム
- [ ] 優越感ゲーム
- [ ] 見下しゲーム
- [ ] 内輪ゲーム
- [ ] 生贄ゲーム
- [ ] 逃避ゲーム

｛実践｝
2
有害な職場かどうか判断しよう

・自分の職場は「有害な職場」かもしれないと感じたら、次ページのチェック項目を参考に判定してみましょう。

・自分の職場は有害な環境である可能性がきわめて高いという結果になったのなら、ここで考えるべき質問は１つしかありません。それは、「どうすればここから出られるか？」です。次の仕事を見つけるための第一歩を決め、すぐにそれを実行してください！

Figure
#010

- □ 権力闘争がある
- □ 経営陣のエゴが強すぎる
- □ 倫理に反する経営
- □ 部署間で争いが絶えない
- □ 上司のパワーハラスメント
- □ 保身に走ることが常態化している
- □ 同僚間で口論が絶えない
- □ 非難と個人攻撃
- □ 誰もが自分のことしか考えていない
- □ 尋常ではない長時間労働
- □ 社員の家庭生活への配慮がまったくない
- □ 耐えられないほどのストレスを感じることがよくある

［第6章］……「組織で自由に働く人」が絶対にしないこと

組織での未来を失いたいなら、簡単でもっとも効果的な方法が1つあります。それは、**上司から多大な時間と集中力を奪うこと**。マネージャーは、自分のエネルギーを浪費させるような存在にいつまでも甘い顔はしていません。その人物はすぐに「問題児」のレッテルを貼られてしまうでしょう。そして**組織の「問題児」と認定されるのは、死刑宣告と同じです**。

一度「問題児」のレッテルを貼られたら、挽回するのは難しい

社会学やマーケティングの世界には「**ティッピングポイント**」という言葉があります。ティッピングポイントは「臨界点」とも呼ばれ、小さな現象が積み重なって大きな変化が起こる、臨界を超えるポイントのことをさします。

たとえば、伝染病がある段階を超えて一気に広がったり、ある新製品の人気に火がついて全国で売り切れになったりするのが、「ティッピングポイントを超える」ということです。他にも、結婚生活でティッピングポイントを超えることもあります。日々のストレスや不満が積み重なると、ある段階で耐えられる限界を超えて、どちらかのパートナーが離婚を真剣に考えるようになったりするのです。

私自身、問題児の部下を抱えるマネージャーがティッピングポイントを超えるのを、これまで何度も目撃してきました。左遷や降格、解雇といった処分は、いきなり決まることはめったにありません。しかし、そういった過激な行動も選択肢の1つになる瞬間、すなわちティッピングポイントが訪れるのは、**対象者が「問題児」と認識されたとき**です。

部下の誰かに「問題児」というレッテルを貼ると、マネージャーの頭の中では大きな思考の転換が起こります。それまでは、その人物とうまく付き合う方法や、指導して改善させる方法を考えていたかもしれませんが、ティッピングポイントを超えると、今度はその人物がいない世界を夢想するようになるのです。そして斧《おの》を振り下ろす前に、何回くらい「最後のチャンス」を与えるべきかと考える。

人間はある結論に到達すると、そこから先は、無意識のうちにその結論を裏づける証拠ばかりを集めるようになります。たとえば選挙である候補を支持すると決めたら、その候補のいい面ばかりに注目し、対立候補の悪い面ばかりに注目するでしょう。結婚生活の場合も、行き先は離婚裁判しかないと決めてしまえば、配偶者のいい面は見えなくなり、悪い面ばかりが目につくようになる。それとは逆に、熱愛中のカップルは、彼（彼女）こそが運命の人だと信じて疑わず、「あれ？」と思うことがあっても見ないようにします。

会社の場合も同じです。一度「問題児」のカテゴリーに入れられた人は、もう上司から悪い面しか見てもらえなくなります。つまりここで言いたいのは、**「問題児」のレッテルを貼られると、失地を挽回するのがかなり難しくなる**ということです。

たいていの人は、朝起きたときに、「さて、キャリアを台無しにするために今日は何ができるかな？」とは考えないでしょう。まともな頭を持った人であれば、あえて職場の「問題児」になりたいなどと思うはずがありません。それなのに、「問題児」になりたいとしか思えない行動を取り、結局は社会的な自殺になってしまう人があまりにも多すぎます。自分自身の自滅的な習慣やクセが原因になっている人もいるでしょう。あるいは、難しい状況で間違った判断をしてしまったことが原因の人もいます。

一般的に、キャリアが台無しになる原因は大きく分けて４つあります。

❶ 感情をコントロールできないこと

❷ 犠牲者メンタリティ

❸ 自己中心的な目標
❹ 変化への愚かな対応

人は「怒り」か「不安」によって自滅していく

たいていの職場はきちんと秩序が保たれ、そこに集まる人たちも分別ある大人ばかりです——少なくとも表面上は。しかし、その平和な表面の下では、激しい感情が渦巻いているのです。

働いている人はみな人間なのですから、仕事以外の人生とまったく同じ感情を、仕事の場でも経験しています。ただ職場では表に出さないようにしているだけであり、それは実際のところとても賢い判断です。いつでも本当の感情を表に出していたら、ほとんど仕事が進まず、お互いに口もきかない関係になってしまうでしょう。**職場の「問題児」になる確実な方法の1つは、職場で感情のままに行動すること**です。

イライラを爆発させることはもちろん、人目を恐れる気持ちから縮こまることでも、「問題児」になりえます。マネージャーのロイスは、部下たちにまったく頭が上がらない状態でした。彼らから自分の決断を批判されたり、マネジメントスタイルに苦情を言われたりすると、ロイスはただ黙って聞いているだけです。部下の仕事で問題が発生しても、相手の反応が怖くてとても指摘できません。最終的に、ロイスは上司から管理職に向いていないと判断され、もっと強い人と交代となりました。

人が感情で自滅するとき、もっともよくある原因は**「怒り」と「不安」の感情**です。どんな人でも、職場で怒りや不安を感じることはあるでしょう。それはごく自然なことです。感情が問題になるのは、ネガティブな感情が常態化し、それが自滅的な行動につながっている場合です。こうなると、仕事や人間関係にも悪い影響が出ます。どんな感情を抱いていても、それを表に出しさえしなければ、周りに伝わることは絶対にありません。

怒りはもっとも深刻な問題です。いつも敵意をまき散らしているような人は、周りから確実に避けられるようになるからです。怒っている人は周りを萎縮させますし、単純に一緒にいるのが楽しくありません。

怒りの感情をコントロールできず、危険な状態になっている人には、ある一定の行動パターンがあります。それは、「不平不満を言う」、「反抗する」、「対立する」です。それぞれについて見ていきましょう。

◎不平不満を言う

口を開けば、いつも不平不満ばかり。同僚に向かって上司の愚痴を言い、上司に向かって同僚の愚痴を言い、経営陣に向かって会社への不満を言う。

◎反抗する

とにかく権威を嫌う。マネージャーの決断に反対し、気に入らない規則は守らず、クライアントにもルールを破ることを推奨する。

◎対立する

部下に向かって怒鳴り散らしてばかり。部下の失敗を罵倒し、部下が提案する新しいアイデアはすべて嘲笑《ちょうしょう》の対象。ミーティングの場で実際に部下を泣かせることがあるのは、社内でも有名な話になっている。

こういった怒りをベースにした行動が常態化すると、周りから頼りにされることは減り、むしろ厄介者あつかいされるようになります。そうなると、今の組織での未来も長くはないでしょう。

いつも怒っている人の正反対にいるのは、いつも不安でビクビクしている人です。彼らは周りから、弱い人、頼りない人、依存心が強い人などと思われています。「人から踏みつけにされること」が職務内容に含まれているならかまわないのですが、そうでないなら、不安がキャリアの助けになることはありません。

不安の大きさが自滅につながるのは、難しい問題に対処できないからか、あるいは周りからいなくてもまったく問題ない人と思われるからです。このカテゴリーに含まれる人は、「おどおどしている」、「頼りない」、「隠れる」といった、問題ある態度がよく見られます。

◎おどおどしている

経験豊かな社員なのに、部署のミーティングでは、バカなことを言ってしまうのが怖くて、いつも発言できない。そのため、ミーティング中はいつも黙って座っていて、たまに何か発言しても、反対意見のようなものが出たらすぐに相手に合わせてしまう。

◎頼りない

自分の仕事に自信がないために、常に周りの承認を求めてしまう。プロジェクトを行うときも、すべての段階で上司に確認しないと先に進めない。ネガティブなフィードバックを受けたり、批判されたりすると、すぐ泣きだしてしまう。

◎隠れる

人と一緒にいるのが苦手で、自分の席にこもってひとりで仕事をしたいと思っている。廊下を歩いているときに前から上司がやって来るのが見えると、トイレに逃げ込んで会話を避けようとする。同僚の中には、名前さえ知らない人もいて、多くの人からどんな仕事をしているのかすら知られていない。

人間であれば、怒りや不安の感情を抱いて当然です。とはいえ、怒りや不安のままに行動してしまうのは完全な自殺行為といえるでしょう。感情に支配されるのは、過度な飲酒と同じです。たまに飲みすぎるくらいならそこまで健康に悪いわけではなく、いい気分にもなれますが、過度な飲酒が常習化すると致命的な結果になります。

問題の感情が怒りであっても、あるいは不安であっても、感情のままに行動する人は、遅かれ早かれ「愚か者」のカテゴリーに分類されることになります。そして、「愚か者」はいずれ必ず「問題児」になるので、このカテゴリーに入るのはリスクの高い行動と言わざるをえません。

「私は犠牲者だ」という感情にとらわれていたら要注意

人はいつも自分に向かって話しかけています。周りで何かが起こったり、誰かに会ったりすると、そのたびに頭の中で何らかのコメントをしています。プロジェクトの提案について上司からさんざん批判されているときも、表向きは笑顔で黙って聞いているかもしれませんが、頭の中ではこんなことを考えていたりします。

「この人は本当に無能だな。このプロジェクトがまったく理解できていない。というかむしろ、普段から何かを理解するために頭を使うということがまったくない。私はなぜまだこの仕事を続けているのだろう？　そろそろ新しい履歴書をつくっておくか」

これは偽善的な態度でしょうか？　もちろんそんなことはありません。自分の本心を隠すのは、会社でもプライベートでも大切なスキルです。とはいえ、そこには問題もある。

人間は、自分に向かって語りかける言葉を信じてしまう生き物です。そのため、上司が何か言うたびに「こいつは無能だ」と思っていると、自動的にそれを裏づける証拠を探すようになります。そして「私の上司は無能だ」という考えが脳に刻み込まれ、それが日々のコミュニケーションのパターンにも現れるようになるのです。すると上司のほうも、あなたの本心を感じ取るでしょう。その結果、上司があなたに抱く感情も影響を受けるのです！　こうなると、待っているのはありがたくない結末です。

心理学者が言うところの「**セルフトーク**」には気をつけなければなりません。なぜなら、自分に向かって語る言葉は、あなたの態度と行動に影響を与えるからです。

あなたは、次のような考えが頭に浮かんだことはあるでしょうか？――「ここでは誰も私の仕事を認めてくれない」、「この会社は働きに見合う給料を払う気がまったくないんだな」、「本当にいい仕事はいつも他の人に回される」

たまに自己憐憫《れんびん》にひたるのは決して悪いことではありませんが、いつもこのようなことを考えているなら要注意です！　それは「**犠牲者メンタリティ**」のサインかもしれません。自分は犠牲者だと考えるのは、もっとも自滅的なセルフトークの1つです。

中にはマイルドな被害者意識が自然な状態になっている人もいます。彼らはどんな職場に行っても、どこかに敵を見つけるでしょう。他には、自己犠牲の精神にあふれた「殉教者」の状態からスタートして、自分の献身がきちんと認められないとなると、今度は恨みを募らせるタイプもいます。

ときには、ある「不当な」出来事をきっかけに世界の真の姿に気づき、犠牲者メンタリティが発動することもあります。そうなると、周りの人の言動を注意深く観察し、そこに自分に対する「不当な扱い」が隠されていないか探ることが日常化する。実際、証拠というものは、探すと必ず見つかるようにできているのです。そうして山ほど証拠が集まると、自分は間違いなく犠牲者だと確信する。

犠牲者が存在するには、少なくとも1人の加害者が存在しなければなりません。加害者認定されるのはたいてい上司か同僚なので、犠牲者はやがて彼らを敵として扱うようになります。こうやって悪循環が始まり、犠牲者の自滅という結末を迎えるのです。

要するに、**自分に向かって語る言葉には注意しなければならない**ということです。内なる会話や、あるいは実際の外に向かった会話でも、「かわいそうな私」というテーマがくり返し出現する人は、犠牲者メンタリティが常態化してしまう前に、そのネガティブなセルフトークを変える必要があります。

それでは、あなたが本当に犠牲者だった場合はどうでしょう？　人種や年齢、あるいはその他の法律で禁止されている理由で、本当に不当な差別を受けているとしたら？　その場合は、いくつか考えなければならないことがあるので、事情が少し複雑になります。

まず考えるのは、自分は本当に不当な扱いを受けているのかということ。違法な差別の中には、ごく簡単に見分けられるものもあります。たとえば、ある知り合いのアフリカ系アメリカ人の男性は、職場のロッカーに、絞首刑に使うような輪になったロープが下げられていました。この状況であれば、違法な差別であるとすぐに判断できます。

しかし、次の例ならどうでしょう？　ある若い黒人の女性は、白人の上司と同じ秘書を使っています。彼女は日ごろから、その秘書が白人の上司の仕事ばかり優先するという不満を持っていました。彼女の考えでは、これは人種による差別ですが、秘書の立場から考えれば、自分の昇給を決める権限のある人（白人の上司）を優先しただけであり、人種は関係ないかもしれません。幸いなことに、この女性はまず人事部に相談したので、人事部のマネージャーから違う可能性も指摘してもらうことができました。

他人の本当の動機を知るのはとても難しい。それでも、自分が不当な差別を受けていると確信しているのであれば、あなたは決断しなければなりません。この状況を黙って乗り越えるのか？　それとも、正式に抗議をするのか？

ロッカーに絞首刑のロープがかかっていた男性であれば、もちろん誰かに報告する必要があるでしょう。一方で、昇進できなかった、人事考課で悪い評価をつけられたといった状況では、どうするのがベストの選択肢なのかということはわかりにくい。完璧な世界であれば、抗議の声を上げ、問題に公平な調査が入り、その後は偏見のない環境でキャリアを築いて成功できるでしょう。

それでも、私はここで、あなたに悪いニュースを届けなければなりません。それは、**正義が常に勝つとはかぎらないということ**。理不尽なこの現実の世界では、正式に抗議すると、見えない境界線を越えたことになり、経営陣から目をつけられてしまうかもしれないのです。

誰もあなたにこの事実を教えてくれません。もし経営陣に最低限の常識さえあれば、表立って態度を変えることはないかもしれません。それでも、これだけは断言できます。マネージャーたちの間であなたの行動が話題になれば、口には出さなくても、あなたを警戒するようになります。

誤解しないでもらいたいのですが、私はなにも、違法な扱いを受けても耐えなければならないと言っているわけではありません。偏見と闘うために立ち上がる人たちを、私は心から尊敬しています。それでも、不当な扱いを公に訴えるのであれば、それが自分にどう跳《は》ね返ってくるかということも考えておかなければなりません。

たいていの場合、ここでベストの選択肢は、信頼できる友人や同僚に相談して別の視点も指摘してもらい、実行できるような戦略について話し合うことでしょう。人事部が信頼できるのであれば、彼らからいいアドバイスがもらえるかもしれません。そのうえで公平な扱いは期待できないという結論になったのなら、他のもっと偏見のない職場を探すのがベストの選択肢ということになるでしょう。

「自分のレンズ」でしか見えない人はリーダーになれない

自己中心的な態度も、組織での成功を難しくする要素の1つです。すべての「背徳者」はこの問題を抱えています。彼らの目的は、ただ自分の欲しいものを、欲しいときに手に入れること。他人のことや、公共の利益のことなど一切考えません。バスケットボール選手にたとえるなら、自分がシュートを打ちたいがために、自分がボールを独占し、チームメイトにまったくパスを出さないようなものです。「背徳者」は組織のどのレベルにも存在します。

とはいえ、自己中心的な人はすべて「背徳者」だというわけではありません。大義（と本人は信じている）のために自分を犠牲にする「殉教者」タイプにも、自己中心的な人はいます。彼らにとっては、その大義のためにわが身を捧げることが、他の何よりも優先されます。

ロビー活動が本職であるなら、それでもかまわないでしょう。でもほとんどのビジネスでは、ある目的にすべてを捧げるような熱狂的な態度はマイナス要素になります。大義に身を捧げる人は視野があまりにも狭く、組織で成果を上げるために必要なバランス感覚を欠いているのです。

多くのプロフェッショナルが、プロとして守るべきラインと、組織の現実の間で、バランスを取るのに苦労しています。看護師であれば、忙しいスケジュールの中にできるだけ多くの患者を詰め込まなければならない。エンジニアは、使えるプロダクトデザインをかぎられた時間で考えなければならない。マーケターは、さまざまな制約のせいで理想の広告キャンペーンを展開することができない。弁護士は、上司のリスクの大きい決断を支持しなければならない。プロフェッショナルにとっては、このきわどい綱渡りを成功させることが、組織で生きていくうえで欠かせない要素になるのです。

組織の「成功者」は状況をさまざまな角度から眺めることができます。一方で「背徳者」や大義に突き動かされた「殉教者」は、自分の欲求というレンズでしか物事を見られません。違う視点から物事を考えてみるということは、彼らにとってとても難しいのです。

極度に自己中心的な人や、自分の考える正義にこだわりすぎる人は、組織で生きるのが難しく、結果的に自滅することになるでしょう。なぜなら、自分の利益のことしか考えない人だけで構成された組織は、絶対に大きな成果を上げることができないからです。

ネガティブなセルフトークが悪循環を生む

すでにうまくいっている人にとっては、特にストレスの大きな変化が没落の原因になることがあります。上司、仕事、組織が変わり、自分の中にある「仕事はこうするべき」という確固たる基準が通用しなくなってしまう。このような変化はさまざまな形で起こります。

自分の意思で変化を選ぶこともあります。その一方で、組織の合併や再編によって、いきなり変化が押し寄せてくることもあるでしょう。しかし、原因はどうであれ、**組織スキルのない人ほど、新しい環境は「間違っている」と思い込んでしまうものです。**

そして、ネガティブなセルフトークによって、この思い込みをさらに強化していく。「この会社はもうグダグダだ」、「あの女はうちのやり方がまったくわかっていない」、「あのマネージャー連中は手を抜いてばかりいる」、「もうだれも従業員のことなんて考えていない」

こうやって「ヤツらは間違っている」という態度でいると、自動的に「自分は正しい」ということになります。これは組織人にとっての自殺行為であり、このまま放置していると、すぐに権力闘争にまで発展するでしょう。その結末がどうなるかは誰もが知っている——レバレッジがもっとも小さい人が負けるのです。

すでに確認したように、人生は公平ではありません。状況が変われば、自分の思い通りにいかないことも出てくるでしょう。これはたいてい、どちらが正しくて、どちらが間違っているという問題ではありません。単に以前とは何かが変わったというだけです。

新しい上司は、前の上司とは違う習慣があり、部下に対する期待も違うかもしれない。だからといって、新しい上司が間違っているというわけではありません。転職すれば、新しい会社の規則や仕事の進め方は前の会社とは違うかもしれませんが、これも新しい会社が間違っているわけではありません。

勤めている会社が他の会社に買収されたら、会社の文化も変わるでしょう。これもまた、新しい文化が間違っているわけではありません。新しくやって来た人たちが、違法行為や、倫理に反する行為に手を染めているというのなら別ですが、そうでないなら、彼らは悪人でもなければ、間違ったことをしているわけでもありません。ただ、自分とは違うというだけです。

その場合、あなたには3つの選択肢があります。

❶ 新しいやり方に適応する

❷ 自分に合った環境に移る

❸ 変化に抵抗し、最終的に「問題児」認定される

どれを選ぶかはあなた次第です。

危険なサインをいち早く察知する方法

組織で自滅していく人の多くは、自分の心配事や思い込みしか見えていないので、最終的に斧が振り下ろされると心底びっくりしてしまいます。あるいは、自分の身が危うくなっていることは察していても、どうすればいいのかまったくわからないという人もいるでしょう。

ここからは、危険を知らせるサインを、深刻度の低いものから高いものへと順番に見ていきましょう。もし思い当たるものがあるなら、あなたの立場は危うくなっています。今すぐに行動を起こさなければなりません。

◎レベル1：何かがおかしい

・最近なんとなく会社にいづらくなったように感じる。自分が不当な扱いを受けているという怒りを感じることが多い（この段階で自分を犠牲者だと感じる人もいて、実際にその後で犠牲者になっていきます）。

・ひとりでいることが多くなる。話しかけてくるのは用事がある人だけで、雑談をすることがない。ランチ、結婚式、ベビーシャワー、ゴルフ、野球観戦などに誘われなくなる。仲間はずれになったように感じる。

・上司に無視される。ミーティングの連絡が回ってこない、情報が伝えられないといったことがよくある。上司の時間を奪っていると名指しで非難されることもある。

・仕事や人間性について、上司から「大切な話」をされることがある。気の弱い上司であれば、注意というよりも単なるおしゃべりという印象かもしれません。ここでは普段の上司の行動から判断することが大切になります。もし普段と違う態度なら、それは危険なサインです。

◎レベル２：未来の雲行きが怪しい

・本来なら自分に回されるような大きな仕事が他の人に回される。仕事を回された人物が、あなたの地位を狙っている、あるいは次の昇進でライバルになるのなら、これは憂慮すべき事態です。

・昇進のチャンスを2回以上逃す。1回目はもっと優秀な候補者がいたのかもしれません。しかし2回以上となると、そこにはある種のよくないパターンがあると考えられます。

・新しい上司になってから自分のレバレッジが減少しているように感じる。たとえば、上司から相談されることが減ったり、情報が以前ほど伝えられなくなったり、ミーティングに呼ばれる回数が減ったりしている。ここで行動を起こさないと、次は上司との「大切な話」が待っているでしょう。

◎レベル３：急に仕事が変わることになるかもしれない

・組織の再編が行われた結果、スタッフを減らされたか、責任を減らされたか、降格させられたか、左遷された。この変化について説明を受けたが、どう考えてもただの言い訳でしかない。何らかの形で社内の地位が下がるのは悪い兆候です。

・上司の上司までが出てきて、すでに上司としている「大切な話」がくり返される。これはただの危険なサインではありません。この会社での未来がないことを伝えるレッドフラッグです。

・人員整理のうわさが飛び交い、周りの人があなたと目を合わせようとしなくなった。人事部の人がそのような態度なら、履歴書の準備を始めたほうがいいでしょう。

極端に心配性の人、被害妄想の強い人であれば、本人の気にしすぎということもありますが、そうでないなら、以上のようなサインには注意しなければなりません。問題に取り組むにあたり、まず大切なのは、原因は自分なのか、それとも周りの環境なのかを見分けることです。

ただ、ここには罠もある。そもそも問題が発生したのは、ある部分であなたに状況を正しく見きわめる能力が足りないことが原因かもしれませんし、状況を正しく見きわめられない人は、問題の原因を特定することもできません。

社会心理学の世界で「**帰属の誤り**」と呼ばれる現象があります。これは人間によくある勘違いの1つであり、簡単にいえば「何事も人のせいにするほうがずっと簡単だ」という意味です。具体的な例を見てみましょう。あなたが昇進したか、あるいは大幅な昇給があったとします。あなたはなぜそのような待遇を受けたのでしょうか？　もちろんそれは、能力が優れていて、成果も上げたからだと考えるでしょう。

それでは、逆に昇進できなかったとしたらどうでしょう。その理由は何だと思いますか？　評価のプロセスが公平でなかったか、ライバルの候補が何年にもわたって上司におべっかを使っていたからか、上司に見る目がなかったからか。ここではあらゆる理由が考えられますが、あなたが唯一除外するのは、あなた自身に問題があるという可能性です。

こうやって物事の原因を自分に都合のいいように解釈することには、私たちのエゴを補強する効果があります。いいことが起こったのなら、それは自分の功績だ。反対に、悪いことが起こったのなら、それは自分以外の何かや誰かの責任だ。特に危険なサインが見えているときは、この都合のいい解釈ほどありがたいものはありません。あなたが味わっている苦しみや痛みは、すべて自分の責任ではないからです。

しかし、苦しみの原因が自分にあるとしたら、そうやって現実から目を背けていると、問題の原因となっている行動や態度、習慣を改めることもできないでしょう。今のまま放置していると、この先もまたそれらに苦しめられることになります。

帰属の誤りを避けるために大切なのは、**客観性を保つことと、パターンを見逃さないこと**です。たとえば、あなたから見た上司は理不尽きわまりないとしましょう。他の人もあなたと同じ意見ですか？　上司の理不尽な言動は誰に対しても同じですか？　それともあなただけですか？

あなた自身のこともふり返らなければなりません。これまでの上司はハズレが多かったと感じていますか？　それとも問題は今の上司だけですか？　他にもその上司との間に問題を抱えているスタッフがいるのなら、上司が問題である可能性は高いでしょう。しかし、あなた自身がどの上司ともうまくいかないことが多いというのなら、鏡をのぞき込んでみる必要があるかもしれません。もしくは、上司にもあなた自身にも特に問題はないのなら、それはきっと相性の問題でしょう。どうしても合わない人はいるものです。

危険を知らせるサインが出ている場合は、状況のパターンを読み取ることが大切です。まずは、自分の周りで起こっていることをよく観察してください。

全員が深夜まで残業している、保身のための証拠をファイルしている、会議室での会話が録音されていないかと心配しているなら、それは有害な職場環境です。そんな職場に長くいると、あなたの自尊心が完全に破壊されるか、有害な環境に適応しすぎてまともな職場で働けなくなってしまうでしょう。ここでは「政治的に賢い戦略」などということを考える必要はありません。できるだけ早く脱出してください。

その一方で、同僚たちはみな仕事が楽しそうで、生産性も高いのに、あなただけがいつも怒っているのなら、問題は自分にあるのかもしれません。これまでの仕事、人間関係、権威との関わり方をふり返り、そこに何かパターンはないか考えてください。

2回以上、左遷の対象になったり、降格させられたりしたことはありますか？　大きなプロジェクトに何度も応募しているのに、たいてい選ばれずに終わっていますか？　自分は誤解されている、不当な扱いを受けていると感じることがよくありますか？　同僚に腹を立てたり、イライラしたりすることがよくありますか？　上司と話すときはよくケンカ腰になりますか？あるいは、上司が怖いと感じることがよくありますか？　あなた自身が上司であるなら、部下に腹を立てたり、イライラしたりすることがよくありますか？　部下からマネジメントスタイルを批判されることがよくありますか？

こうやってありのままの自分と向き合うのは、簡単なことではありません。というのも人間の脳は、どんな場合であっても、自分以外の誰かのせいにできる理由をひねり出そうとするからです。**自分の行動の中に自滅的なパターンを見つけだすのは、組織での自殺行為を避けるために何よりも重要なステップといえるでしょう。**そしてパターンが見つかったら、すぐにそれを改めるための行動を起こさなければなりません。

ネガティブなイメージから脱却する方法

キャリアの壊滅を予防するのは、簡単なことではないかもしれませんが、不可能ではありません。自分が「問題児」になっていることに気づいたら、組織の中での自分という人間を新しくつくる必要があります。迅速、かつ大胆に、新しい自分に生まれ変わらなければなりません。

マネージャーのランドールは降格の危機に瀕《ひん》していました。ランドールの担当するチームは離職率が高く、それを彼の上司が大いに問題視したからです。上司は状況を観察し、ランドールとも直接話した結果、高い離職率の原因はランドールだと結論づけました。

この上司の結論は正しかった。ランドールは部下の一挙手一投足に目を光らせ、どうでもいい細部にこだわり、どんな小さな決断にも口をはさみ、褒め言葉よりも小言のほうがずっと多かったのです。これは典型的なマイクロマネジメントであり、スタッフの士気は低下の一途《いっと》をたどっていました。

降格を免《まぬが》れるには、ランドールは自分を変える必要があります。とはいえ、身に染みついた習慣を変えるのは、口で言うほど簡単なことではありません。

習慣になっている態度や行動を変えるには、**「気づき」「モチベーション」「特定」「代替」「習慣の置き換え」という5つのステップ**がカギになります。

◎ 気づき

問題に気づかなければ、変えることもできません。誰かからはっきり言われないと、たいていの人は自分はうまくやっていると信じてしまうものです。マネージャーの多くは何か懸念があると、それとなくヒントを出しています。あなたはそれに気づかなければなりません。

ランドールの上司であれば、「今年になってあなたのチームはだいぶ人が辞めているようだね」と言うかもしれません。もしランドールに組織スキルがあれば、この上司の言葉の中に警告を読み取り、「私もその問題に気づいていました。うちのチームには何か他と違うところがあるのでしょうか?」などと返すでしょう。自分の立場が危うくなっていると感じたら、他の人の意見を探る必要があります。知るのはつらいかもしれませんが、それでも真実と向き合わなければなりません。

残念ながら、上司の中には「心理マネジメント」に走る人もいます。部下をこまかく観察し、問題や欠点についてとことんまで考えますが、その考えを当人には絶対に知らせない。その結果、かわいそうな部下は、何も知らないまま「問題児」になってしまうのです。上司から仕事について何も言われないという人は、自分からフィードバックを求めたほうがいいでしょう。

◎モチベーション

誰かがあなたの態度に問題があると考えているからといって、あなたもそれに同意するとはかぎりません。自分に問題はないと信じているなら、変わろうというモチベーションもわかないでしょう。

ランドールはマイクロマネジメントをしているという自覚がまったくありませんでした。彼に言わせれば、ただ質の高い、丁寧な仕事を目指していただけです。このような考え方は、まさに「帰属の誤り」です。現実から目を背けたままでは、逆転の目はありません。

誰かから問題を指摘されたら、たとえ納得できなくても、すぐに拒絶してはいけません。一度立ち止まり、自分の行動が周りに与える影響についてよく考えたほうがいいでしょう。そうすれば、変わろうというモチベーションがわいてくるかもしれません。

◎特定

たとえランドールが自分のマイクロマネジメントを認めたとしても、それで終わりではありません。どの行動が問題なのか特定する必要があります。「マイクロマネジメント」というざっくりした表現ではなく、具体的な行動をあげていくのです。どの書類のチェックをやめるべきか？　どの決断を部下に任せるべきか？　どの細部にこだわるのをやめるべきか？

曖昧な表現で問題を指摘されたのなら（たとえば「悪い態度」や「コミュニケーション不足」、「主体性が足りない」など）、もっと具体的に描写してもらいましょう。そうすれば、自分がどこを変えればいいかがわかります。

◎代替

1つの態度をやめると、その空白には必然的に別の態度が入ることになります。運転でスピードを出しすぎるのをやめたら、その代わりにもっとゆっくり運転するようになる。怒鳴るのをやめたら、その代わりにもっと穏やかに話すようになる。

態度を変えるときは、それがどんな態度でも、ネガティブな表現よりもポジティブな表現で変化を定義したほうが、成功の確率は上がります。たとえば、「怒るのをやめる」という表現では具体的に何をすればいいのかがわかりません。そこで「ミーティングで怒りの感情がわぃてきたら、何回か深呼吸して、穏やかに話すようにする」という表現を使えば、ポジティブな目標ができます。

問題行動をやめたいのなら、やめた空白を埋めるポジティブな行動も同時に考えましょう。ランドールの場合、セールスパンフレットの確認作業の中で、あら探しをしたくてたまらなくなったら、代わりにどんな行動を選べばいいでしょう？　たとえば、デザインのいいところを褒め、本当に問題がある箇所にだけ赤を入れるという方法があります。草稿のチェックはもっと下位のマネージャーに任せてもいいかもしれません。

自分の態度は自分で選べるということを、いつでも忘れないようにしましょう。こうやって組織スキルのリハビリをくり返せば、あなたもすぐに賢い選択ができるようになるはずです。

◎習慣の置き換え

変身がうまくいったと判断するには、以前の悪い習慣に代わる新しい習慣が必要です。より効果的な行動がきちんと身についていなければなりません。とはいえ、昔の習慣は簡単には消えてくれません。何度か以前の自分に戻ってしまうことも覚悟しておきましょう。それでも、変わるために努力を続ければ、新しい態度が習慣になって、自然に行えるようになるでしょう。

自分のイメージを変えると決めたのなら、覚えておいてほしいことがあります。それは、周りの人はあなたの変化にすぐには気づいてくれないということ。褒めてもらえるのを期待していると、最初のうちは反応がまったくなくてがっかりしてしまうでしょう。ランドールが明日からマイクロマネジメントを一切やめたとしても、周囲はその変化にすぐには気づかないはずです。たとえ気づいても、長続きするとは信じない。周りに認めてもらうには、時間をかけて実証していくしかないのです。だから、変化を起こそうとしているなら、結果を焦って、新しい自分がすぐに認められることを期待しないほうがいいでしょう。

「でも、もし私に変化する必要がなかったら?」と、あなたは言うかもしれません。本当はあなたには問題がなく、周りの人があなたを誤解しているだけかもしれない。もしその通りなら、あなたは誤解されないように行動する方法を学ばなければなりません。あなた自身が問題ではなくても、周りがそうだと思っているなら、残念ながら表に出る結果は同じです。

自分のイメージを新しくするために、大手術が必要な人もいれば、ほんの小さな調整ですむ人もいます。でも、どちらにも共通しているのが、誰もがその変化をイヤがるということ。批判に耳を傾け、自分の非を認め、そして身についた習慣を変えるのは、誰にとっても楽しいことではありません。しかし、ここで明らかな警告を無視するのは、ほぼ間違いなく社会的な自殺行為になるでしょう。

｛実践｝

1 自滅行為をしていないかチェックしよう

・職場での自分を正直にふり返り、次ページの質問に答えてください。
・チェックが２つ以上ついた人は、組織内での立場が危うくなろうとしているかもしれません
——あるいは、すでに危うくなっているでしょう。
・チェックをつけた項目では、自分の思考、態度、行動を変える必要があります。たしかに悪いのはあなたではなく周りかもしれませんが、それはここでは一切関係ありません。明確な目標を立て、未来に目を向け、自分がコントロールできることだけに意識を集中する。

まずは、今の仕事が本当に自分に合っているのかということから考えていきましょう。もし合っていないのなら、そこを離れるための最初のステップは？ もし合っているなら、今の状況を改善するために何ができるでしょう？

Figure
#011

- [ ] 職場でイライラする、
あるいは不安になることがよくありますか?
- [ ] その怒りや不安は明らかに他の人が原因ですか?
- [ ] 職場できわめて不当な扱いを受けていると感じますか?
- [ ] その不当な扱いについてよく考えますか?
- [ ] その不当な扱いについて職場の人とよく話しますか?
- [ ] 職場の誰かに対して性的な欲求を
くり返し感じることがありますか?
- [ ] 職場の誰かと恋愛関係、あるいは性的な関係にありますか?
- [ ] 自分の目標のことだけを考え、
他の人への配慮はほとんどありませんか?
- [ ] 職場の人たちから一緒に働くのが難しい人と
思われていますか?
- [ ] 職場で最近起こった変化に対して納得できない
気持ちはありますか?
- [ ] その納得できない気持ちのせいで、
イライラや破壊的な態度が表に出たことはありますか?
- [ ] マネージャーか人事部の人から、
変化が必要だと指摘されたことはありますか?

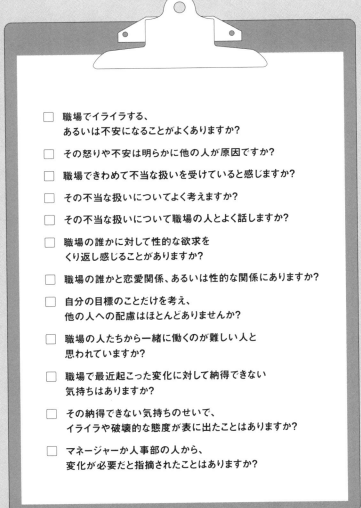

{実践}

2 大胆なイメージチェンジを図ろう

・あなた自身があなたの成功を阻むもっとも大きな障害になっているなら、大胆なイメージチェンジで新しい自分になる必要があります。自分の行動をふり返ってみましょう。何が原因で、あなたは周りから問題だと思われているのでしょうか？　どの態度や行動をやめるべきなのか？　新しく身につけなければならない態度や行動は？　次ページのシートに答えを書き込んでみましょう。

・望ましい態度や行動がわかったら、今度はそれを実践する状況を具体的に決めます。昔の悪い自分が出てしまいそうな人やイベントには注意しましょう。そういった難しい状況に対処するために、頭の中でリハーサルをくり返しておきます。成功を視覚化しましょう！

・イメージチェンジに先がけて、誰かと話しておく必要はあるでしょうか？　変わる意思を伝えなければならない相手はいますか？　マネージャーや人事部の人から「大切な話」をすでにされているなら、その人たちには必ず伝えなければなりません。特に言われた当初に不満そうな態度を出してしまったのならなおさらです。

Figure
#012

気づき（Awareness）：	私のどんな態度や行動が問題を生んでいるのか?
モチベーション（Motivation）：	なぜ変わることが私にとって大切なのか?
特定（Identification）：	やめなければならない害になる態度や行動を具体的にあげる
代替（Substitution）：	この態度や行動をやめたら、その代わりにどんないい態度や行動を取り入れるか?
習慣（Habits）：	新しい態度や行動が習慣になったかどうかは、どうすればわかるか?

この会話の目的は、自分には変化する意思があることを宣言し、今後は変えるところを具体的に描写することです。そこで絶対にしてはいけないのは、言い訳や反論、不平不満を述べたり、責任転嫁したりすることです。自分をコントロールする自信がないというのなら、まだ話はしないほうがいいでしょう。

・イメージチェンジを始めてしばらくしたら、フィードバックを求めましょう。上司、同僚、人事部の人、その他関係のある人とフォローアップのミーティングをします。進捗状況についてそれぞれの意見が聞けるだけでなく、あなたのほうからも、自分のやる気と、相手の意見に対してオープンであること、変わる意思があることを伝えることもできます。

［第7章］……「組織で自由に働く人」は権力に逆らわない

組織のゲームをプレーするなら、「力」について理解しておかなければなりません。誰が力を持っているのか？　どうすれば力が手に入るのか？　力はどうやって使うのか？力はとても大切な要素であるにもかかわらず、力についておおっぴらに話すのは完全なタブーになっています。「もっと力が欲しい」、「あなたにはどれくらいの力がありますか？」、「あなたより力があっていい気分だ」などということは、たとえ思っても口に出してはいけません。とはいえ、どんな組織であっても、力の影響は隅々にまで及んでいます。**組織で上り詰めたいのであれば、力の配分を正確に分析できなければなりません。**

ここで、あなたが新しい会社で働き始めたばかりだとしましょう。入社初日、あなたはたくさんの人に会い、その中にスティーブとローズもいました。スティーブはグローバルビジネス戦略部の部長で、高価なビジネススーツを身にまとい、専属のアシスタントも常駐しています。あなたとの短い会話の中で、スティーブは出張でよく海外に行くことや、最近CEOとゴルフをしたことなどに言及しました。

一方のローズは人事のスペシャリストです。服装は控えめで、アシスタントはいないようです。あなたがローズの仕事について尋ねると、彼女は笑ってこう答えました。「誰もやりたがらない小さなプロジェクトを全部引き受けているだけよ！」

力の相対的な大きさを1点から10点で評価するとしたら、あなたはこの時点で、スティーブに8点、ローズに3点をつけました。

それからの数週間で、あなたはあることに気づきました。スティーブの前を通りすぎるたびに、彼はひとりでパソコンに向かっていて、CEOと一緒にいるところはまだ一度も見ていません。他のエグゼクティブたちはみな、理事会に向けて準備に大わらわなのですが、スティーブはただオフィスに座っているだけ。そこであなたは、スティーブの点数を8点から5点に下げました。

一方でローズはというと、さまざまなミーティングに呼ばれているようです。すべてのエグゼクティブとファーストネームで呼び合う仲で、CEOのアシスタントともよく話している。あなたが誰かに社内のルールや決まった手順について尋ねると、相手はたいてい、「それだったらローズが知ってるんじゃないかな」、「ローズに聞けば教えてもらえるよ」と答えます。あなたはローズの点数を考え直し、3点から5点に上げることにしました。

その後、組織再編が行われ、スティーブは肩書きだけは立派な閑職《かんしょく》に追いやられました。彼が転職を考えても、特に引き留められることはなさそうです。最終的に、あなたはスティーブの評価を2点まで下げました。2点を与えた理由は、少なくともエグゼクティブの地位にはいるからです。

一方のローズは、後でわかったところ勤続20年のベテランで、すべての社員から尊敬され、信頼されています。あらゆる地位の人と付き合いがあり、会社に関する知識も豊富で、今の地位にいるのはただ単に出世に興味がないからでした。ローズの最終的な評価は8点です。

もし社内で仲間を探すなら、ローズが第一候補になるでしょう。力がありそうに見えたスティーブは、実際はただの張り子の虎でした。

職場の地位は役職だけでは決まらない

ある人がどのくらいの力を持っているかということは、その人の**「肩書き」と「人となり」の両方**が影響しています。肩書きの力は職業上の力であり、その人がどんな仕事でどんな役職に就いているかによって自動的に決まります。組織の上下関係がもっともわかりやすい例でしょう。

組織内での地位が高いほど、より多くの決定権が手に入ります。たとえば、「国際〇〇部の上級マネージャー」というような肩書きであれば、部下がたくさんいるということがわかります。また、地位が上がると、手に入る情報やリソースも増えます。

とはいえ、地位の力は組織内での役職だけで決まるわけではありません。現にどんな組織にも、花形の仕事と地味な仕事があるでしょう。市場に製品を出している会社であれば、セールスは花形部署の1つです。病院のトップに君臨するのは医師であり、電機メーカーであればデザインエンジニアの地位が高い。なぜこれらの仕事は地位が高いのかというと、それぞれの組織にとってなくてはならない存在だからです。組織の成功は彼らの仕事にかかっています。

しかし、**こういったステータスの高い花形の仕事をしていなくても、職場で力を手に入れることはできます**。地味な仕事をしている人や、地位の低い人でも、重要人物とつながることは可能です。それに加えて、専門知識を身につけるチャンスも、レバレッジを高める活動を行うプラットフォームも手に入ります。

たとえば、受付係という仕事について考えてみましょう。受付係は誰かに命令する権限を持ちません。それでも、たくさんの人と話すチャンスがあるので、価値のある人脈をつくることができるかもしれません。たしかに組織内で地位の高い仕事とはいえませんが、本人の努力次第では、ビジネスの知識を身につけ、仲間のネットワークを構築できるでしょう。

それでもあなたは、「それはけっこうなことだが、でも受付は受付だ。本物の力は手に入らない」と思っているかもしれません。しかし、これは大きな間違いであり、「力」と「権威」を混同しています。たしかに受付係に権威はほとんどありませんが、情報と人脈へのアクセスという点では他の仕事よりも有利です。知識もまた力をもたらしてくれる源泉であり、知識を持っているのはあらゆる専門職の人たちです。

とにかくここで大切なのは、**どんな仕事であっても、地位の力は手に入るということ**。それをどこまで活用できるかはあなた次第です。

残念ながら、自分の地位の力を誤解している人や、地位の力が怖くて使えない人もいます。バートもその1人でした。バートの地位は「上級コンサルティングエンジニア」です。最高峰の技術力を持った人しかこの役職には就けません。つまり彼には、誰もが認める権威があり、部下や後輩のメンターになるチャンスにも恵まれています。

しかしバートは、自分より経験の浅い同僚にアドバイスをすることがほとんどありませんでした。「偉そうだ」、「おせっかいだ」などという印象を与えるのを心配していたからです。その結果、彼は会社の製品を改善し、自分のレバレッジも拡大するチャンスをことごとく失ってきました。

管理職の地位にある人でも、ときには自分の力を行使するのをためらうことがあります。知り合いの広告ディレクターは、上の人に対しては気兼ねなく自分の力を使えるのですが、下の人が相手になると力を使うのをためらうタイプの人でした。上層部へのアクセスを最大限に活用することには余念がなく、トップレベルのプロジェクトに参加したり、幹部の仲間をつくったりしてきました。それでも、部下に向かって仕事の問題を指摘するのが苦手だったので、管理職としての能力に疑問を持たれることもありました。自分の地位の力を適切に活用できない人は、自動的にレバレッジを下げてしまうのです。

一方で**「個人の力」とは、肩書きや役職ではなく、あなた自身の性格や能力を源泉とする力**です。私たちは誰でも、自分の強みを生かして個人の力を高めることができます。

私がよく訪問するオフィスで秘書をしているジェシカは、明るく外向的な性格です。私の名前も、私が紅茶派だということも絶対に忘れません。彼女の友好的な態度には、わざとらしさがまったくない。

ジェシカには人を惹きつける魅力があるので、誰かが入ってきたときに顔も上げない他の秘書たちよりも、はるかに大きな個人の力を持っています。温かく、友好的な人柄のおかげで、仲間もたくさんいます。この人脈は、彼女がこの先どんな仕事をすることになってもきっと助けになってくれるでしょう。
ただし、どんな長所であっても、行きすぎると弱点になってしまうこともあります。たとえば、あまりにも優秀で真面目であることが、ときに周りの人を気後れさせてしまうこともあります。個人の力を拡大するというのは、強みを活用することだけでなく、弱みを減らすことでもあるのです。

スティーブとローズの例でも見たように、誰かがどのくらい力を持っているかを正確に推し測るのは簡単ではありません。すべての人に階級が与えられている軍隊でも、同じ階級なら力も同じだと一概には言えません。誰かの力のレベルを推測するときは、次ページにあげた基準を参考にするといいでしょう。

力の配分を正確に把握するのは、基本的な組織スキルの1つです。このスキルがあれば、組織という地雷原を安全に歩くことができるでしょう。続くページの表を参考に、力のある人、力のない人を見分けるスキルを身につけてください。

POLITICAL SKILL

Figure
#013

- □ トップの経営陣から存在を知られているか？
- □ CEOがその人のオフィスに地図なしでたどり着けるか？
- □ その人は過去の話が多いか、それとも未来の話が多いか？
- □ ボディーランゲージは自信にあふれているか、それとも従順そうな印象か？
- □ その人が口を開くと周りの人が耳を傾けるか？
- □ その人発の情報は信頼されているか？
- □ どんなミーティングに参加しているか？
- □ どれくらいの人から存在を知られているか？
- □ 誰と一緒に昼食を取っているか？
- □ どんなメーリングリストに名前が載っているか？
- □ その人が約束なしで会えるのはどんな人か？
- □ 欲しいものを手に入れることができるか？

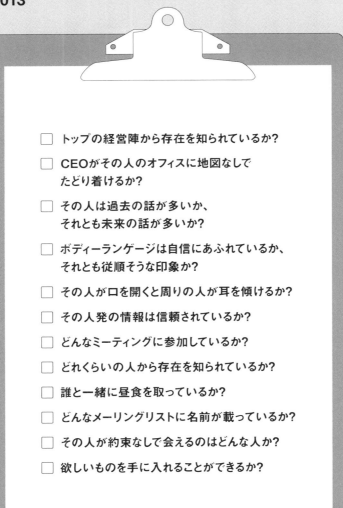

Figure
#014

力レベル「高」の人たち	力レベル「低」の人たち
・重要な意思決定に参加している	・重要な仕事をしていない
・あらゆる階層の人から認められている	・過去の話ばかりする
・高い役職の人たちと話ができる	・自分を実際より大きく見せようとする
・他の人にとって価値のある情報やスキルを持っている	・会話でよく重要人物の名前を出す
・信頼されているので秘密の情報を教えてもらえる	・ひとりでいることが多い
・重要なプロジェクトに関わっている	・自分の仕事にほとんど興味を持っていない
・替えの利かない専門知識や技術がある	・争いを避ける、あるいは争いへの対処がまずい

力を読み違えた愚かな失敗を避けるために

自分の力を使うとなると、私たちはさまざまな失敗をしてしまいます。気の小さい人は、周りから「押しが強すぎる」、「偉そう」、「思いやりがない」などと思われるのを心配し、せっかくの力を放棄してしまう。その結果、本当に押しが強くて偉そうで思いやりがない人に、余計な力を与えてしまうのです。

その対局にいるのが、エゴの塊で、自分の力を実際よりも大きく見せようとする人たちでしょう。たいていの場合、彼らの嘘はすぐにバレます。他には攻撃的なタイプもいます。彼らは権力を手に入れるために闘い、ときには公然と権力闘争をしかけることも厭《いと》いません。周りから見れば、あまりにも愚かで子どもじみた態度です。

ここでよくある間違いは、高圧的な人に対して、本人の実力以上の力を与えることでしょう。抵抗しているとこちらが疲れ切ってしまうので、相手の思い通りにしてしまうのです。

他にも、控えめすぎるために、レバレッジを構築するまたとないチャンスを逃すという失敗もあります。あるいはもしかしたら、この正反対の傾向のほうが致命的かもしれません。つまり、実際は持っていない力を使おうとするということです。最善の結果であれば恥をかくだけですみますが、最悪の結果になると仕事を失ってしまうかもしれません。ときには無知が原因でこの失敗をしてしまうこともあります。

エゴや傲慢《ごうまん》さも、自分の力を過大評価する要因になります。友人の1人が、2人のパートナーが経営する小さなコンサルティング会社で働いていました。友人と他の3人のスタッフは、年月を重ねながら多くのクライアントとの間に強固な信頼関係を築き、その会社の成功に大きく貢献していました。しかし、自分たちもいつかパートナーにしてもらえるのかと尋ねると、2人のパートナーは愚かにも「ノー」と答えました。間もなくして、彼らは会社を去り、自分たちで起業しました。彼らの知識も、経験も、そしてクライアントも、すべて新しい会社のものです。現在、どちらの会社がより成功しているかは、ご想像の通りです。

一時の感情のせいで、力の読み間違いが起こることもあります。ＣＥＯと何人かのマネージャーが出席するミーティングの席で、失礼な扱いを受けて腹を立てた若手社員が、いきなり席を立ち、ドアを思いっきりバタンと閉めて外に出ていったのを見たことがあります。

これはやってはいけないことです。相手の名札に「ＣＥＯ」と書いてあるなら、たとえあなたが正しくても、口論で勝てるわけがありません。幸いにもその若手社員は、それまでに組織で役に立つ資産をかなり築いていたので、そのときはコーチングを受けるように言われただけですみました。もっとレバレッジの少ない人であれば、間違いなく解雇されていたでしょう。

感情的立場には「親」「大人」「子ども」の3つがある

力の読み間違いが起こるのは、たいていの場合、自分の性格か、あるいは自分の過去が原因になっています。複数のきょうだいがいる人、あるいは複数の子どもがいる人ならわかるでしょうが、生まれたばかりの子どもはまったくの白紙状態ではありません。生まれつき攻撃的な子もいれば、生まれつき無口な子もいる。とはいえ、力にどう反応するかは生まれつきの性格だけで決まるわけではなく、経験や環境の影響も受けます。そして、個人の力のレッスンは、たいてい家庭で始まります。

家族関係はすべて力で決まります。もしかしたらあなたの家庭では、いい子は母親の言うことを黙って聞くものだという教育方針だったかもしれません。あるいは、ちょっとしたルール違反も許さない厳格な父親をロールモデルとして育ったという人もいるでしょう。下のきょうだいを顎で使うような長子だった人もいれば、反抗的な末子だった人もいるかもしれません。意思決定に子どもも参加させる親のもとで育ち、力を分け合うことを学んだ人もいれば、きょうだいとの関係から協力や妥協を学んだ人もいるでしょう。

子ども時代の経験は人によって大きく違います。それでも1つ確実に言えるのは、子どものころに学んだ力に対する考え方は、自分の性格に深く刻み込まれているということ。それらはよかれ悪しかれ、現在のあなたの態度や行動に影響を与えているのです。**家庭で身につけた態度や行動は、職場でもよく顔を出してきます**。その理由は、職場と家庭の力の構造がとてもよく似ているからです。

子どものころの家庭生活をふり返ると、たいていの人は母親と父親がいて、人によっては兄弟や姉妹がいます。それに対し職場では、上司がいて、同僚たちがいる。マネージャーになることを選ぶと、さらに「子ども」まで持つようになります。

もう何十年も前、『幸福になる関係、壊れてゆく関係』（同文書院）という本の中で、著者のトーマス・A・ハリスは、私たちが他人と関わるときの3つの感情的立場をあげていました。それは**「親という立場」、「大人という立場」、そして「子どもという立場」**です。もちろん職場では、誰もが常に大人としてふるまうことを期待されています。ところが、年齢的には間違いなく大人なはずが、多くの人が家庭での「親」や「子ども」の顔を職場でも出してしまうのです。

ある会社でマネージャーを務めるベンは、職場でも親と子どもの立場の間で行ったり来たりしていました。ミーティングで同僚から強い反論が出ると、彼は声を荒らげ、机を叩きます——これは、子どもの癇癪と変わりません。その後、ベンは上司のところへ行き、親に叱られたいたずらっ子のように小さくなって謝るのです。当然の結果として、ベンは上司からも同僚からも煙たがられるようになりました。

その一方で、ベンは部下から絶対的な信頼を勝ち得ていました。上層部からムリな要求があるといつでも部下を守り、他部署との争いになるといつも部下の側に立ったからです。ベンは、同僚と上司の前では子どもとしてふるまい、部下の前では親としてふるまっていました——ただし、大人としてふるまう相手は誰もいなかったのです。

文化もまた、力にどう反応するかを決める要素の1つです。アメリカのような西洋の文化では、個人の功績の価値を認め、はっきりと自己主張をする姿勢が評価される傾向があります。たとえば、自立している、意見を表明する、改善策を提案する、間違いを指摘するといった資質や行動が高い評価を受ける。一方で東洋の文化では、集団の和が重視されます。ここで評価されるのは、人の話を聞く、協力する、同意を目指す、権威に敬意を持つといった態度です。

それぞれが違う文化の中に放り込まれたら、西洋人はまるで怒れる猛牛のように見えるでしょうし、東洋人はまるでおとなしいウサギのように見えるでしょう。違う文化の中で成功するには、その文化で推奨される態度を身につけなければなりません。私のクライアントにも多くの東洋人がいますが、彼らは実際、アメリカで働くときはアメリカ人のようにふるまうことで成功しています。

「力のグリッド」で組織内の力関係を把握する

自分がフットボールのチームで司令塔をしている場面を想像してみてください。試合に勝つには、自分の技術を磨くだけでなく、あなたを支えるチームメイトの力量と、あなたを叩きつぶそうとする敵の力量を正確に把握しなければなりません。組織で勝つのもそれと同じです。自分の目標を達成するには、自分の助けになる人と、自分の障害になる人を正確に見きわめる必要があります。

フットボールであれば、出場した試合の映像をくり返し見て研究すればいいのですが、組織の場合、試合は毎日くり広げられています。あなたはその様子を注意深く観察し、周囲の力関係を分析しなければなりません。その力関係も頻繁に入れ替わるので、流れの変化にも注意が必要です。出世頭のエースと組めば貴重な見返りがあるかもしれませんが、逆に落ち目の人と組んでしまうと大変なことになりかねません。

組織内の力関係を正確に把握したいなら、「**力のグリッド**」をつくることが役に立つでしょう。力のグリッドで注目するのは、「**地位のレベル**」と「**影響力の度合い**」という**2つの要素**です。

地位のレベルは、その人の役職や肩書きを見ればいいだけなので簡単に測定できます。CEOが最上位で、給料がもっとも安い従業員が最下位です。その間に、それぞれの地位に応じてレベルがあります。一方で影響力の度合いは、より主観的な分析が必要になります。知り合いがどれくらいいるか、その人の意見がどれくらい重視されているか、他者と交流する機会がどれくらいあるか、などなど。

ある人物の力のレベルを測定するには、次の手順を踏まなければなりません。

❶「地位のレベル」と「影響力の度合い」の両方のレベルを計測する

❷ 両者を合計し、「総合組織スキルスコア」を算出する

❸ 地位と影響力それぞれのレベルが交差する地点を見つけ、その人のカテゴリーを判定する

次ページのグリッドに入る4つのカテゴリーは、力の組み合わせを表しています。組織内の力関係という観点から見れば、左下の「**弱者**」は多くの火力を持っていません。彼らは地位が低く、存在感も薄い従業員で、能力はあるかもしれませんが、自分の仕事以外ではほとんど影響力を持っていない。

左上の「**張り子の虎**」は、地位や役職は高いのですが、それ以外の力がほとんどありません。組織内で影響力を失い、名前だけは立派な閑職に追いやられた重役などが、この「張り子の虎」に分類されます。弱者と張り子の虎は、味方にしてもあまり多くの見返りはありませんが、一緒に楽しく仕事をすることは可能です。しかし、彼らと仲良くすることで自分の立場も危うく

Figure
#015

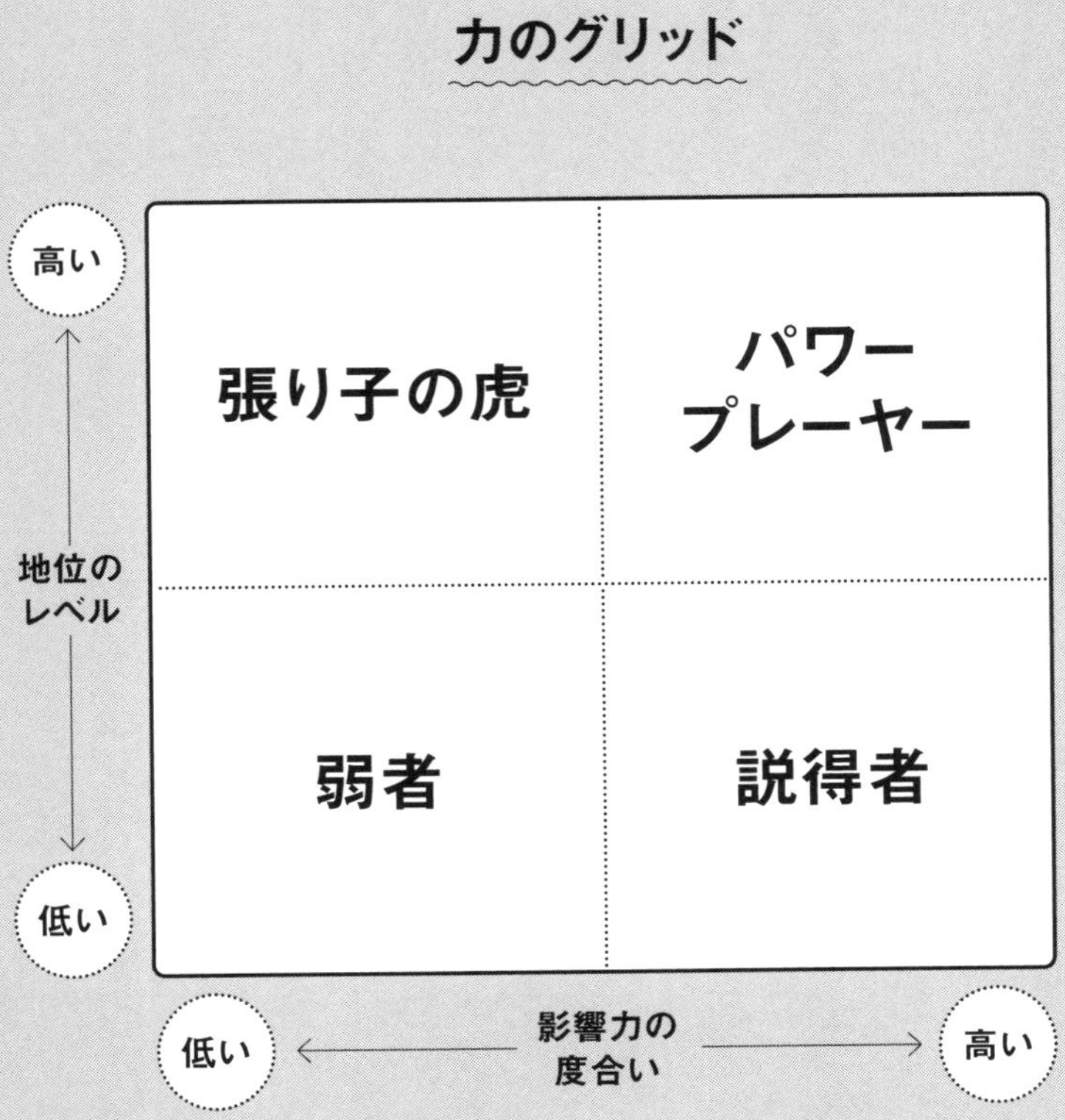
力のグリッド
高い
地位のレベル
低い
張り子の虎
パワープレーヤー
弱者
説得者
低い
影響力の度合い
高い

なるのなら、距離を取らなければなりません。

自分の組織内での力を上げたいのであれば、グリッドの右側にいる人たちと仲良くなる必要があります。彼らを味方にできればとても心強いでしょう――そして、敵に回したらもっとも怖い相手です。

「**説得者**」は、社会学で「オピニオンリーダー」と呼ばれる人たちです。地位こそ高くないかもしれませんが、多くの人に影響を与え、自分の意見に賛成させることができる。あなたの地位がまだ低いなら、説得者を味方に引き入れるのがもっとも現実的な作戦になるでしょう。地位が高い人と違って近づきやすいからです。たとえば、CEOとおしゃべりするよりも、CEOのアシスタントとおしゃべりするほうがずっと簡単です。

そして右上の「**パワープレーヤー**」は、言うまでもなく組織のスーパースターです。彼らを意図的に敵に回そうとするのは、本物の「愚か者」だけでしょう。パワープレーヤーのカテゴリーには、「**パワーエリート**」と呼ばれる人たちも含まれます。パワーエリートは、本物の権力を持つ選ばれし少数派で、組織の隅々にまで影響力を行使することができる。組織を真の意味で動かしているのは彼らです。

パワーエリートたちの目標や期待を正確に理解するほど、あなたが目覚ましい成果を上げる可能性も高くなります。あなたの将来に影響を与えそうなパワーエリートの言動を、常に注意深く観察していなければなりません。

小さな会社であれば、経営幹部の全員がパワーエリートになります。ところが大きな会社になると、それぞれの職種によって、直接関係するパワーエリートも変わってきます。たとえば、経理担当者であれば、営業部長のニーズを知っておく必要はそれほどありませんが、財務のトップであるCFOの言動からは目を離してはいけません。

「パワーエリート」には決して逆らうな

組織の文化の大部分は、パワーエリートの信念、価値観、好みによって決まります。私がこの真実に気づいたのは、新しいCEOの就任で劇的な変化が起こるのを体験したときでした。そこで大きな文化の変化が起こったのは、前任と後任のCEOの間で、価値観や仕事のスタイルがまったく異なっていたからに他なりません。前のCEOは外向的な性格で、マーケティングが専門、いつもたくさんの人と一緒にいました。一方で新しいCEOは、物静かで、分析的な性格、専門は財務とコンサルティングです。

新CEOが就任すると、ビジネス戦略から会計処理の手順、勤務時間まで、ありとあらゆることが変わり、パワーエリートたちの顔ぶれもがらりと変わりました。ここまで大きな変化に対応するのは大きなストレスとなりますが、組織で自由に働くためには（ただ生き残るだけでも）、現職のパワーエリートが確立した文化に適応することが必須になります。なぜなら、あなたが文化を変えられる可能性は1ミリもないからです。

文化に抵抗するのは、時間と労力とエネルギーの完全な無駄づかいであり、勝ち目はまったくないのですが、中にはそれでもあえて闘いを挑んでしまう人もいます。

文化が自分には合わない、あるいは文化が「間違っている」と感じるなら、適切な範囲で時間をかけて、適応することを目指してください。それでも自分には合わないと感じるなら、他の環境を探したほうがいいでしょう。

人がある組織に所属するのは、たとえるなら臓器移植のようなものです。移植した臓器がうまく適合することもあれば、拒絶反応を起こすこともある。パワーエリートたちの価値観が自分とはまったく合わないというのなら、他の場所で自分の才能を生かすことを考えるべきです。合わない環境でがまんしていると、いずれストレスで病気になるか、あるいは組織内での立場を完全に失うような愚かなことをしてしまうでしょう。

パワーエリートたちの価値観を知りたければ、注意深く観察することと、ちょっとした探偵のような行動が必要になります。それがどんな行動なのか、次から具体的に見ていきましょう。

❶ 彼らの言葉だけでなく、行動にも注目する

会社による公式の発表はどれも似たようなものです。なぜそうなるのかというと、世間からポジティブなイメージを持たれたいからです。プレスリリースや年次報告書をどんなに熟読しても、そこにパワーエリートの本音は書かれていません。まともな経営者であれば、「顧客サービスもそれなりに重要だが、本当に興味があるのは顧客にお金を払わせることだ」、「違法なことはしたくはないが、会社に有利になるような会計操作はできるかぎり活用していきたい」などと公に言うわけがありません。

彼らの本音を知りたければ、頼りになるのは言葉よりも行動です。彼らは顧客を大切にしていますか？　顧客サービス部にどれくらいの人員を割いているかを見れば、その答えはわかります。彼らは製品の質を重視していますか？　その答えは、不良品率をどこまで許容しているかでわかります。彼らは、ワークライフバランスと口では言っているけれど、どこまで本気なのでしょう？　その答えを知りたかったら、土曜日に出勤しているマネージャーの数をかぞえればいいのです。

❷ 彼らが好んでする話題、彼らの働き方を知る

人間は自分が興味を持つ話題について話すものです。パワーエリートと雑談をするチャンス

があったら、彼らが興味を持つ話題に注意しましょう。新しいプログラムや革新的なアイデアについて話すのが好きな副社長は、おそらく独創的な提案を歓迎するでしょう。一方で、決められた手順やルールについて話すのが好きなら、業務の標準化に関するアイデアを歓迎するかもしれません。

仕事のスタイルもヒントになります。CEOは長時間働くタイプですか？　いつも時間通りにミーティングを始めますか？　ブレインストーミングで新しいアイデアを出すのが好きですか？　他人に興味を持ち、相手について時間をかけて知ろうとするタイプですか？　仕事のスタイルを見れば、その人が他人に何を期待しているかがわかることがよくあります。

❸ 彼らが認める人、褒める人、昇進させる人に注目する

パワーエリートには褒賞に関するさまざまな権限があります。彼らが誰を褒めるか、誰を昇進させるかをよく見ていなくてはいけません。たとえ自分は無能だと思っていた同僚が褒められていたとしても、見方は人によって違うということを受け入れなければなりません。

❹ 上司、あるいは人脈の広い同僚に尋ねる

パワーエリートと直接つながる機会がない人は、その機会のある人からいろいろ教えてもら

うという方法もあります。メンターから文化のコーチングを受けるのは、あなたのキャリアにとってもっともためになる経験の1つです（つまりあなたのほうも、正確な観察眼のあるメンターを選ばなければなりません）。

上司がまっとうな常識人で、十分に賢い人であるなら、上司からパワーエリートの情報を教えてもらうのがいちばんでしょう。上司があなたを信頼し、率直な意見を言っても本人に告げ口されることはないと安心しているなら、喜んでいろいろと教えてくれるはずです。上司にとって、これは一種のセラピーのようなものなのです。

❺ 彼らが何を変えるかを観察する

パワーエリートのグループに新しい人が入ったら、組織の文化（あるいは、自分に期待されていること）に何か変化が起こるか、細心の注意を払って観察してください。

私が以前に働いていた部署では、新しい部長が就任すると、意思決定のスタイルががらりと変化したことがあります。前任者は顔を合わせて話し合い、即断即決するスタイルだったのですが、新しい部長は、まず提案を書面にして提出し、じっくり話し合って決めるというスタイルでした。これは、どちらがいい、悪いという問題ではありません。大切なのは「違う」ということです。部署の人間は、全員が新しいスタイルに適応する必要がありました。

とはいえ、ときには矛盾するメッセージを受け取ることもあります。大きな力を持つ2人の人間が、お互いに相反する目標や優先順位、あるいは価値観を持っている場合、周りの人は混乱し、自分の身の振り方で大いに悩んでしまいます。2頭のオスの象が、群れのボスの座をめぐって争う図を想像してみてください。このような事態が実際に起こったら要注意！　これは組織の力学的にとても危険な状況です。しばらくは、あなたも同僚たちも、群れの象と同じように、どちらに従えばいいのかわからないでしょう。

ここでのいいニュースは、この種の権力闘争には制限時間があるということ。どんな組織であっても、このような緊張状態に長く耐えられることは絶対にありません。2人のうち、より大きな力を持つほうが、最終的に勝者となるでしょう。

しかし、下の人間からすると、トップの人たちの力関係をいつでも正確に測れるわけではありません。そこで、もっとも賢い行動は、しばらくはおとなしくしていて、誰とも敵対せず、どちらの味方にもならず、自分の意見は自分の中だけにとどめ、大勢が判明するまでじっと待つことです。どちらが勝者になるかは、いずれ必ずわかります。ここは私を信じてください。なぜなら、負けたほうは組織を去ることになるのですから。

{実践}

1 ロールモデルと自分の力を比較しよう

・権限と影響力を賢く行使するうえで、あなたがロールモデルにしている人を思い浮かべてください。そして次ページの表を見て、項目ごとに自分とロールモデルを比較します。項目にあてはまるなら3点、ややあてはまるなら2点、あてはまらないなら1点で、それぞれ点数をつけましょう。

・自分が低い点数になった項目に注目してください。それらの項目の点数を上げるためにできることは何ですか？　ロールモデルの点数が高いのなら、その人の態度から学べることはありますか？　ロールモデルにコーチやメンターになってもらうことは可能でしょうか？

・自分の組織にいるパワーエリートたちを思い浮かべてください。そして彼らが重視する結果、価値、態度をリストにしましょう（ここで大切なのは、彼らの言葉ではなく、行動に注目することです）。パワーエリートからの評価を高めるために、何かを変えたほうがいいですか？　彼らの価値観や優先順位が自分とは違うなら、そもそもその組織にいるのが正しいのかを考えなければなりません。

POLITICAL SKILL

Figure
#016

力の評価基準	自分	ロールモデル
価値があると認められた結果に責任がある	1 2 3	1 2 3
重要な意思決定に参加する、 あるいはそれに関して意見を求められる	1 2 3	1 2 3
自分の仕事において裁量権がある	1 2 3	1 2 3
経営陣から価値があると認められる 情報やスキルを持っている	1 2 3	1 2 3
重要人物、影響力の大きい人物とつながりがある	1 2 3	1 2 3
組織のさまざまな場所に知り合いがいる	1 2 3	1 2 3
機密情報にアクセスできる	1 2 3	1 2 3
重要なプロジェクトに参加している	1 2 3	1 2 3
替えの利かない専門技術や知識を持っている	1 2 3	1 2 3
口を開くと周りが耳を傾ける	1 2 3	1 2 3
自信があり、どっしりと構えているように見える	1 2 3	1 2 3
あらゆる階層の人からよく思われている	1 2 3	1 2 3
意見の対立を生産的な討論に変えることができる	1 2 3	1 2 3
仕事に興味と情熱を持っていることが伝わってくる	1 2 3	1 2 3
意思決定や活動に他者を巻き込む	1 2 3	1 2 3

｛実践｝

2 自分に影響を与えている要素を分析しよう

・次ページの表を見て、それぞれの要素が自分と力との関係にどのような影響を与えているか考えます。これまでの人生で経験してきた「力のレッスン」をふり返ってみましょう。それは自分の職場での行動や態度とどのような関係がありますか？

・あなたがやりがちな「力の失敗」は何ですか？　支配欲が強すぎて高圧的？　それとも、控えめすぎて力を使うのを恐れるタイプ？　何かあるとすぐに相手に譲歩してしまう？　それとも攻撃的になりすぎる？　自分が力をどう扱うか、あるいは力を持つ人たちにどう反応するかという点で、あなたは何を変えたいと思いますか？

・自分が「力の失敗」をしがちな場面を特定しましょう。ミーティングでイライラして攻撃的になることが多いですか？　上司にまったく頭が上がらず、すぐに言うことを聞いてしまいますか？　この人が関係するといつも不健全な力への反応が出てしまう、という人はいますか？

以上のような状況で、自分の行動を変えるためにできることを考えます。そしてその行動を、自然に行えるようになるまでくり返していきましょう。

Figure
#017

生まれつきの性格 攻撃的か、冷静か、それとも不安が大きいタイプか?	私の生まれつきの性格： その結果、私は次のようなことをする傾向がある：
家族 母親、父親、きょうだい、あるいは自分に大きな影響を与えたその他の親族について考える。彼らは力をどのように行使していたか、あるいは力にどう反応していたか?	わが家での力の扱われ方： その結果、私は以下のことを学んだ：
現在の人間関係 配偶者、恋人、友人、子どもについて考える。彼らは力をどう使っているか、あるいは力にどう反応しているか?	私が現在の人間関係で経験していること： その結果、私は次のように反応する：
ジェンダー行動 社会が求める男性の役割、女性の役割のうち、自分に反映されているものはどれくらいあるか?	私は次のようなジェンダーの期待が存在すると感じている： その結果、私は次のようなことをする傾向がある：
文化 あなたが育った文化では力がどのように行使されていたか? 現在、あなたが属している文化ではどうか?	私は自分の属する文化から力に関して次のようなことを学んだ： その結果、私は力に対してこう反応するようになった：

POLITICAL SKILL

Part 3

組織において主導権を手にする

第8章……「組織で自由に働く人」は正しいプランを立てる

自分の組織内での立ち位置について考えるのは、おそらく何か達成したい目標があるときだと思います。それはキャリアでの目標かもしれないし、職場で頭痛のタネになっている問題を解決することかもしれない。あるいは、その両方という可能性もあるでしょう。現在、気になっていることが何であれ、ここでは忘れてはいけない重要な事実が1つあります。

どんな目標であれ、達成するには十分な力が必要である

自分には力があるという感覚を持つのは大切です。なぜなら、自分は無力だと感じている人は、たいていの場合、状況は絶望的だ、八方塞《はっぽうふさ》がりだと感じているからです。八方塞がりで絶望している人が、より大きな目標のために役に立つことはめったにありません。彼らはただ状

況が変化するのを願うばかりで、具体的な目標を立てることはほとんどないからです。

非現実的な願望と、現実的な目標を区別したいなら、「力のチェック」を実施するといいでしょう。たとえば、あなたは上司がいなくなってくれることを切実に願っていながら、それを実現するだけの力はないとします。それでも、上司との関係を改善するための力ならあるはずです。上司を追い出したいというのは、単なる願望です。一方で上司とのコミュニケーションを向上させたいという望みなら、立派な目標になるでしょう。

組織スキルと力を高めれば、それは自動的に、達成できる目標の数と種類が増えることにつながります。もしあなたがリーダーであれば、力をつけるのはただ自分のためだけではありません。なぜならリーダーは、常に組織全体の成功を目指しているからです。

4つの「P」から正しいゲームプランを立てる

組織におけるスキルや力とは、いったい何を意味しているのでしょうか。漠然としてわかりにくいと感じるかもしれませんが、そこには明確な公式があります。組織での立ち回りがうまいというと、おべっかを使う、上の人にペコペコする、仲間を裏切るといった行動が思い浮かぶかもしれませんが、それらは正しい組織スキルには含まれません。

あなたの職場はすべてがうまくいっていて、面倒な社内政治や人間関係の問題はまったくないというのならいいのですが、もしそうでないなら、これから紹介する4つの「P」が助けになります。正しいゲームプランを立てて、組織の荒波をうまく泳いでいきましょう。

◎パワー分析（Power Assessment）

どうすれば自分のレバレッジを高められるか？

◎パフォーマンス（Performance）

どうすれば自分の仕事で組織の成功に貢献できるか？

◎パーセプション（Perception）

「パーセプション」とは、認知のされ方のこと。どうすれば自分の評判を向上できるか？特に目標達成の助けになってくれる人たちの間で評判を高めるにはどうするか？

◎パートナーシップ（Partnerships）

どうすれば仲間や支援者のネットワークを拡大できるか？

この4つの要素についてじっくり考え、必要な改善を加えたのなら、あなたは自動的に自分の組織スキルと力を高めることができます。残念ながら、この公式さえあればすべての問題を何の苦もなく解決できるというわけではありませんので、厳しい現実と向き合い、難しい変化を起こすことが求められます。とはいえその苦しみには、重要な目標を達成できる可能性を高め、人生をコントロールしているという感覚が手に入るという見返りがあるのです。

ただし、力を拡大することを目指すなら、絶対に忘れてはいけないことが1つあります。「**会社のビジネス、あるいは他の人を犠牲にして、自分の利益を追求してはいけない**」――この黄金律を常に胸に刻んでおきましょう。

「花形職業」でないことは、力を手にできない理由にならない

4つの「P」の公式をさらに深く理解するために、ある人物が実際に体験したことを参考に考えてみましょう。ゲイルは電子機器メーカーでマニュアルの作成を担当しています。スーパーバイザーとして、会社の全製品に同梱されるマニュアルの作成に責任があります。

初めて会ったころのゲイルは、まるで爆発寸前の火薬庫のようでした。かなりのストレス、不満、怒りを抱え、そのかなりの部分は彼女の上司に向けられていました。

彼女は、「きちんと計画を立て、計画通りに物事を進めたい」、「自分のチームを製品企画にもっと関わらせてもらいたい」、「プロダクトマネージャーがぎりぎりになってうちのチームに仕事を押しつけるのをやめてもらいたい」、「責任に見合った肩書きが欲しい」、「こういった問題で上司にも少しでいいから協力してもらいたい」、といった希望を持っていました。

現状の彼女は、無力感にさいなまれ、何も変えることができません。そこで、4つの「P」を使ってゲイルの現状を分析し、力を拡大するためにできることを考えていきましょう。

◎パワー分析（Power Assessment）

ゲイルのレバレッジを測定するには、地位の力と個人の力の両方について考える必要があります。ゲイルの役職に権威はほとんどありませんが、マニュアル作成という仕事にはそれなりの地位の力があります。たしかに「花形」の仕事ではありませんが、会社の製品を買ったすべての顧客がマニュアルを目にするという事実を考えると、レバレッジを高める効果があることは明らかでしょう。製品に関連する情報はすべてマニュアルに統合されるので、ゲイルは社内のさまざまな場所に知り合いがいます。

一方で個人の力のほうは、残念ながら縮小しています。ゲイルが常に腹を立て、イライラを隠さないために、誰もが彼女との接触を必要最低限に抑えようとしているからです。今の状況では社内で何らかのサポートが必要なのですが、自分の態度のせいで、仲間になりそうな人をすべて遠ざけてしまっています。

◎パフォーマンス（Performance）

パフォーマンスは間違いなくゲイルにとっていちばんの強みです。彼女の部署は、時間的な制約が厳しい中で、常に高品質のマニュアルを作成してきました。ゲイルのチームが作成したマニュアルに顧客から苦情が来ることはほとんどありません。マニュアル作成は華やかな仕事ではないかもしれませんが、マニュアルが顧客にとって大切であることは言うまでもありません。

◎パーセプション（Perception）

物事のいい面を眺めると、ゲイルの仕事ぶりは多くの人から評価されています。仕事が丁寧で、真面目で、顧客サービスという仕事に献身的に取り組んでいる。それでも現状では、ゲイルのイメージは2つの点で問題があると言わざるをえません。

1つは、彼女の仕事の難しさがかなり過小評価されているということ。彼女の会社の製品はとても複雑なので、完全で、正確で、わかりやすいマニュアルをつくるのはとても大変なのですが、その苦労をきちんと理解している社員はほとんどいません。ギリギリになってから製品名や性能を変えたりすると、彼女のチームにどれほどの負担がかかるかわかっていないのです。

もう1つは、ゲイルが多くの人から「扱いが難しい人」と思われていること。周りの人たちは、ゲイルを表現するときに、「頑固」、「威圧的」、「イライラしている」、「きつい」、「せっかち」、「批

明らかです。

判的」といった言葉を使います。これでは「成功者」にふさわしい評判を獲得していないのは

◎パートナーシップ（Partnerships）

もうおわかりのように、ゲイルはパートナーづくりの達人ではありません。何か問題につい て話すとき、彼女はすぐにケンカ腰になります。その理由の一部は、常にストレスとイライラがたまった状態にあるからでしょう。彼女には希望する変化を起こす権限がないので、他者の協力が絶対に必要です。ところがその「他者」は、ゲイルのことを、何事においても妥協できない人だと思っています。

ゲイルは組織で生きるための知恵がないだけでなく、おそらく「殉教者」でもあるでしょう。怒りのあまり我を忘れている状態なので、このままでは間違いなく自滅コースです。今のゲイルに必要なのは、組織で成功するための正しいゲームプランです。

常に「ROI」を意識するマインドセットを持つ

パフォーマンスの原則：真の力は価値ある貢献から生まれる

組織で自由に働くためには、ビジネス全体の成功につながる結果を出さなければなりません。しかし残念ながら、このルールに例外があることは誰もが知っています。有力なコネさえあれば、何の成果も上げない無能でも高給取りになれる。上司に取り入るのがうまいというだけで、欲しいものは何でも手に入る。それに見合った仕事をしていなくても、多額のボーナスを受け取ることもあります。

とはいえ、すでに見たように、世の中の理不尽さにいちいち腹を立てるのはエネルギーの無駄づかいであり、そのエネルギーはもっと有益なことに使わなければなりません。

このような状況を、組織スキルという観点から少し考えてみましょう。コネだけしか力がない人たちは、ビジネスへの貢献はほとんどしていません。いわば組織の寄生虫であり、所有するレバレッジも限定されています。

彼らが組織内で持つ力と、彼らが最終的にたどる運命は、ある特定の人物とのコネですべて決まってしまう。ボスのお気に入りがいい思いができるのは、ボスが成功している間だけ、あるいはボスが新しいお気に入りを見つけるまでのことでしょう。

ビジネスに価値を加えるパフォーマンスがなければ、コネだけで甘い汁を吸っているような人たちも、結局のところ自分の未来をまったくコントロールすることができないのです。そして、彼らはたいてい周りから恨まれています。その恨みの感情は、彼らの後ろ盾がいなくなると一気に顕在化するでしょう。組織内で真の力を持てるのは、たしかな実績を積み上げてきた人だけです。

「パフォーマンスの原則」を実行するには、「ROI」を意識するマインドセットが必要になります。ROIとは「Return on Investment」の頭文字で、投じた費用に対してどれくらいの利益を回収できたかを示す指標のことです。何かにお金を投じるなら、それなりの見返りがなければなりません。費用に対する見返りの割合が大きいほど、それはいい投資ということになります。

組織から見たあなたも、2つのレベルで投資の対象です。1つは、将来あなたが手に入れることになる役職を用意するという投資。もう1つは、経験と能力を買ってあなたを採用するという投資です。はっきりと明文化されることはないかもしれませんが、あなたを雇った組織は、間違いなくあなたに何かを期待しています。

ここで、次の質問について考えてみましょう。組織はなぜ、あなたに投資すると決めたのでしょう？ 経営陣はあなたからどんなリターンを期待しているのか？ その期待されているリターンは、どうすれば最大化できるでしょう？ 組織内での自分の力を拡大するには、最低限のＲＯＩを超える貢献をしなければなりません。

自分の仕事をＲＯＩという観点から考えるのは、少し変だと感じるかもしれません。上司からもそんなふうに言われることはめったにないからです。上司に向かって、「会社は私への投資からどのようなリターンを期待しているのですか？ そして、私がそのリターンを最大化するにはどうすればいいですか？」と質問をしたら、きっと上司は変な顔をするでしょう。心の中で、「この前の評価面談で言ったことを聞いてなかったのか」と思うかもしれません。

しかし、ＲＯＩを正しく計測するには、ただ当面の仕事の目標を見ているだけでは不十分です。もっと広い視野を持ち、自分が組織全体の成功に貢献するにはどうするかという観点から考えなければなりません。どんな仕事であっても、ＲＯＩマインドセットを生かすことは可能です。

専門知識がそれほど必要ない、顧客サービスという仕事を例に考えてみましょう。顧客サービスの仕事のほとんどは、電話で顧客の苦情に耳を傾け、問題解決の手助けをすることです。

ROIマインドセットのあるマネージャーであれば、顧客サービスのスタッフたちに向かってこんなふうに言うでしょう。

「顧客から見たあなたたちは、会社と直接つながる窓口です。顧客にとっては、あなたが会社の顔（または声）なのです。あなたの対応がよければ、顧客が将来もうちの製品を買うきっかけになるでしょう。あなたたち全員の知識を集めれば、顧客が何を不満に思うかについて、この会社の誰よりも詳しいことになるはずです」

残念ながら、こんなふうに考えるマネージャーはほとんどいないので、こんな言葉を聞いたことがあるという顧客サービススタッフもほとんどいないでしょう。むしろ、顧客との電話はできるだけ短く切り上げろなどと言われているのではないでしょうか。

とはいえ、この仕事のポテンシャルに気づいている人が他に誰もいなくても、ROIマインドセットのある顧客サービススタッフは違います。彼らはきっと、すべての電話で顧客が会社に対していいイメージを持てるように努力するでしょう。顧客の問題を、迅速、かつ正確に解決し、さらには会社の製品を推薦するチャンスを逃さない。

顧客サービスは必要悪であり、ただの金食い虫だと考える愚鈍なパワーエリートがいたとしても、ROIマインドセットのある顧客サービススタッフが何人かいれば、その考えを変えることができるかもしれません。その過程で、組織内での自分の力も高めることができるでしょう。

ＲＯＩマインドセットを磨くには、組織のオーナーのような思考法を身につける必要があります。つまり、**自分の仕事が組織全体にとってどのような意味を持つか考える**ということです。

全体の大きな目標を把握し、他の部署の仕事内容を知るほどに、あなたの視野も広がります。たとえば、顧客サービススタッフが営業部と経理部のニーズを理解していれば、顧客との電話で得た有益な情報――新製品に関するあまり聞かない苦情や、請求額の間違いが急増していることなど――を、それぞれの部署に伝えることができる。こうやって他部署の助けになれば、「パーセプション」と「パートナーシップ」の2つの項目で点数を上げることができます。

ＲＯＩマインドセットに関しては、自分の地位や役職に期待されていることだけではなく、あなたという個人に期待されていることも考えなければなりません。ＣＥＯの親戚だというなら話は別ですが、そうでないなら、何らかの経験や能力を買われて今の仕事が与えられているはずです。応募者が複数いた中で、なぜあなただけが選ばれたのか。あなたはその理由を尋ねたことはありますか？　答えの中に、明文化されない期待が隠れているかもしれません。そうしたら、もっとも大切な期待もはっきりするはずです。

もちろん、今の仕事を長く続けているのであれば、この質問にそれほど意味はないでしょう。それでも、日々の仕事に退屈してきているのであれば、違う質問が必要かもしれません――上の人たちに、自分への投資を変えてもらうにはどうすればいいだろう？　それはつまり、自分の使い方を変えてもらうということです。もしかしたら、自分には違う能力もあるということを、もっとアピールする必要があるかもしれません。

上司の価値観から逆算して優先順位をつける

ＲＯＩマインドセットがあれば、自分の価値を高めるチャンスを見逃さないようになります。しかし、いくらチャンスを見つけても、結果を出さなければどうにもなりません。

そのための第一歩は、上層部が特に重視している事柄を理解すること。まずは直属の上司から始めましょう。上司のことが好きか嫌いか、尊敬しているか、あるいは上司の意見に賛成できるかは関係ありません。ここでは厳然たる組織の掟を覚えておきましょう――**「あなたの上司はあなたの人生の大半をコントロールする」**

上司の目標や好みを理解しておくのは、あなたにとって大切な優先事項です。それに加えて、パワーエリートたちの価値観や優先順位も知っておかなければなりません。あなたの状況にもっとも直接的なインパクトを持つのは直属の上司ですが、上司の上司たちにも、あなたの未来をコントロールする力があります。

そのため、上層部の価値観にどうしても賛成できないという結論になると、その時点で困った状況に置かれることになります。たとえば、経験豊かなソフトウェアエンジニアが、エンジニアリング部長が要求するプロダクトデザインの簡略化に賛成できない。若手のプロジェクトマネージャーが、伝統的な大企業では、自分の革新的なアイデアや独創的なアプローチの価値がわかってもらえないと感じる。そういった状況で仕事にやりがいを感じられなくなったら、おそらく最善の解決策は、他にもっと自分に合った場所を見つけることでしょう。

経営陣に変化があると、あなたの貢献に対する考え方も変わるかもしれません。トップの誰かが新しくなったら、自分の優先順位も見直したほうがいいでしょう。人事の仕事をしていたころ、私はある会社で3人のCEOの下で働きました。

最初のCEOは、従業員こそがビジネスの心臓部だと信じていました。朝食会を開き、一般の社員がCEOと交流できる場を設けることを提案すると、そのCEOは喜んで承認を出しました。後任のCEOは文書によるコミュニケーションを好み、人事部がCEOのためにレターやアナウンスメント、ニューズレターを作成すると、大いに感謝してくれました。3人目のCEOは、生身の従業員の声よりも、従業員に関するデータのほうに興味を持っていました。そしてすぐに、従業員へのアンケート結果をむさぼり読むようになりました。

正しい行動が決まったら、次に大切なのはその行動を正しくやることです。どんな仕事であっても「正しくやる」とは、基本に忠実であることを意味します。会社に価値を与えていると周りから認めてもらいたいなら、必要なのは、質の高い仕事をすること、期日を守ること、約束を守ること、そして問題を予期して予防すること。ここで目指すのは、周りから「頼りになる」、「信頼できる」という言葉で表現されることです。

とはいえ、誰もが認める結果を出すためには、与えられた仕事と、自分の能力やスキルがマッチしている必要があります。本質的に合わない仕事で卓越した結果を出せる人は存在しません。たとえば、セールスパーソンに求められるＲＯＩはきわめて明確です。できるだけたくさん売り、顧客との間に長続きする関係を築くこと。成功したセールスパーソンは、たいてい外向的で、自己主張がはっきりしていて、話に説得力があり、人と関わるのが好きなタイプです。一方で、それとは正反対な人――物静かで、内向的で、分析的。ひとりで黙々と働くのが好きで、複雑な技術的問題を解決するのが得意なタイプ――がセールスパーソンになると、悲惨な成績しか上げられないことがよくあります。

この状況を立て直すゲームプランを立てるなら、最初のステップは、キャリアチェンジに向けて準備をすることになるでしょう。

重要性だけでなく、「露出度」も意識する

パーセプションの原則：見えない貢献に組織内での力を高める効果はまったくない

こんなシーンを想像してみてください。燃えさかる家の前に人々が集まっています。すると突然、近所に住む高校生が、逃げ遅れた２人の子どもを抱え、炎に包まれた家の玄関から飛び出してきました。群衆は歓声を上げ、取材に来ていたテレビのレポーターは、カメラの前でこの若きヒーローにインタビューをしました。その映像は夜のニュースで流れました。地元の市民団体の会長がそのニュースを見ていたために、子どもを救った高校生に、その団体から大学の奨学金が贈られることになりました。高校生は大学の医学部に進学し、卒業後は有能な外科医になりました。奨学金が彼の人生を変えたのです。

この心温まる物語を巻き戻し、また冒頭の場面から始めましょう。ただし、最初の物語とは１つだけ違うところがあります。群衆が燃えさかる家の前に集まり、高校生が逃げ遅れた２人の子どもを救ったのは同じですが、玄関ではなく裏口から外に出たのです。２人の子どもを庭の芝生の上に降ろすと、子どもたちは両親がいる家の前に向かって走り出し、高校生はそのす

ぐ後をついていきました。

その様子を見て、高校生が2人の子どもを救ったことに気づいた人は誰もいませんでした。その結果、テレビのレポーターが高校生にインタビューすることも、市民団体の会長がそのニュースを見ることも、高校生が奨学金をもらうことも、医学部に進学することもなかったのです。

これがまさに「パーセプションの原則」です。**卓越したパフォーマンスを発揮しても、適切な人がそれを見ていなければ、組織内での力を高めるという点で何の価値もありません。**

人知れず立派な行いをして、それだけで十分に満足だという人もいます。それはまったく悪いことではありません。その一方で、いいことをしたら認められたい、自分の貢献が誰にも感謝されないのは納得できないと感じる人もいる。彼らはよく、「誰も私の苦労がわかっていない」、「この仕事の大変さは誰にもわからない」などと言います。

この種のぼやきが多い人は、「殉教者」への道をまっしぐらに進んでいるといっていいでしょう。自分の貢献についてもっとよく知ってもらいたいのなら、文句を言うのをやめて、周りに気づいてもらう方法を探さなければなりません。

イメージは大切です。なぜならたいていの人には、周りに助けてもらわなければ達成できない目標があるからです。それは個人の目標かもしれないし、組織全体の目標かもしれない。功績に対するポジティブな評価は、功績そのものと同じくらい大切だということを、組織で自由に働けているすべての人が知っています。

舞台を観にいったのなら、パフォーマンスを評価する基準は、俳優、コスチューム、大道具、小道具、その他舞台の上で目に入るものすべてでしょう。舞台の裏にあるこんがらがったワイヤーや衣装の山は、見えないので評価の対象になりません。

あなたの仕事もそれと同じです。スタンディングオベーションが欲しいのなら、**仕事の目に見える部分を輝かせる必要があります**。輝くとはつまり、ポジティブな形で人々の注目を集めるということです。

「目に見える結果」とは、あなたの仕事のうちで、他人の目に触れるものすべてをさしています。それはレポートかもしれないし、デザイン、プロトタイプ、ミーティングでのプレゼンテーション、イベントかもしれない。あるいは、ミーティングへの参加といった、形のない貢献もあるでしょう。

この「輝き」という要素を考えるにあたっては、自分の仕事を「**露出度**」と「**重要度**」**によって分類する**という方法があります。次ページの表を参考にしてください。

Figure
#018

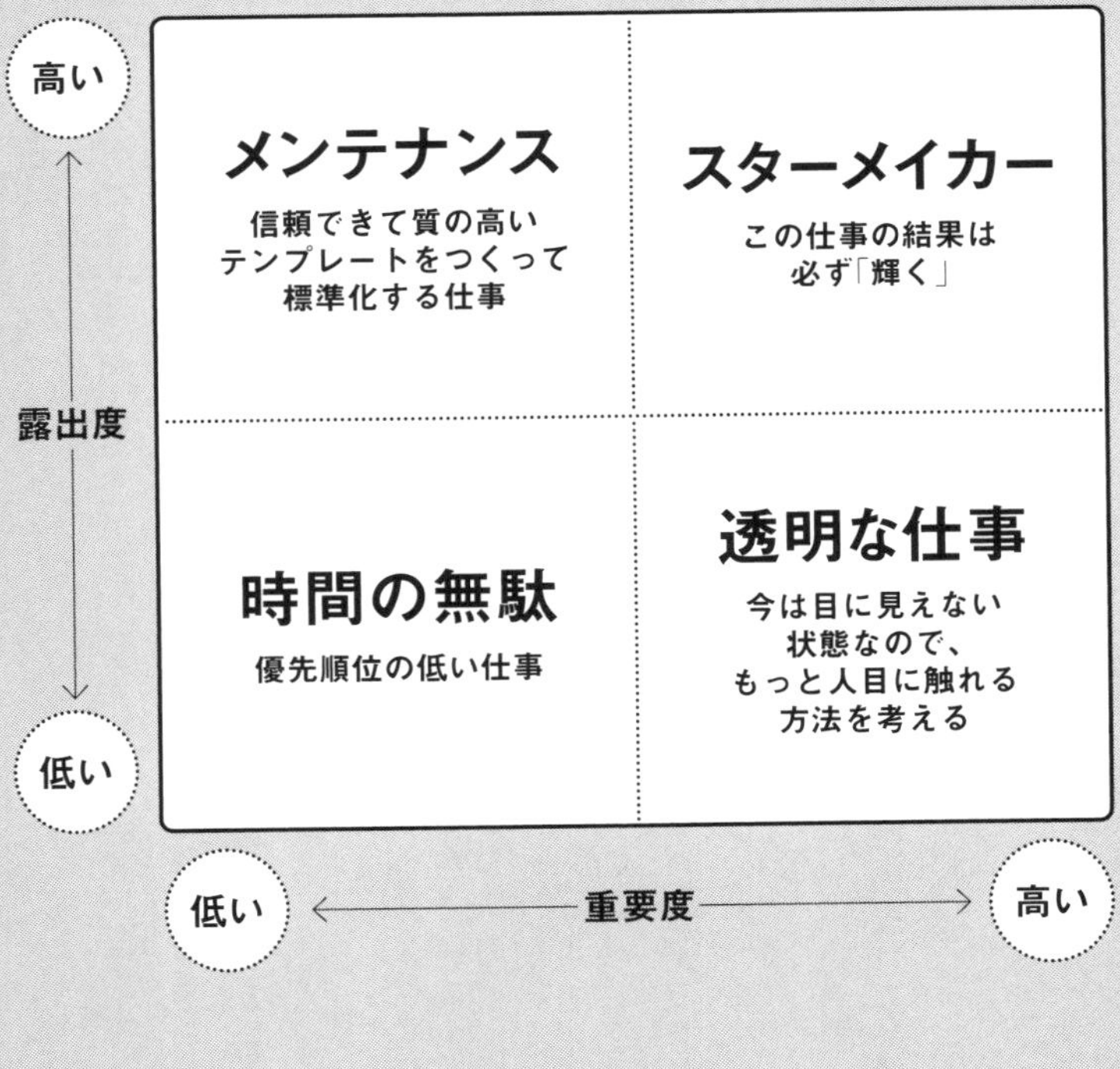
高い
露出度
低い
メンテナンス
信頼できて質の高い
テンプレートをつくって
標準化する仕事
スターメイカー
この仕事の結果は
必ず「輝く」
時間の無駄
優先順位の低い仕事
透明な仕事
今は目に見えない
状態なので、
もっと人目に触れる
方法を考える
低い
重要度
高い

重要度が高く、露出度も高い活動は「**スターメイカー**」です。このカテゴリーに入るものには、組織内での力を大きく高めてくれるポテンシャルがある。スターメイカーはどんな仕事にも存在します。会社の昼食会を企画する、エグゼクティブによるプレゼンテーションを作成する、などなど。

あるいは難しい技術的な問題を解決するなどの仕事を任されたら、自分の仕事が人々の記憶に残るようにするための努力も必要です。たとえば、昼食会で特別なデザートを提供する、プレゼン用に魅力的な資料を作成する、スタッフミーティングで技術的問題の解決策を提案する、といったことです。

しかし、注意も必要です。ここでの目標は、自慢ばかりして周りから煙たがられることではありません。大切なのは、周りからポジティブに評価されるような、質の高い仕事をすることです。難しい技術的な問題が同僚たちの仕事とは関係ないのなら、スタッフミーティングでわざわざ発表する必要はありません。一方で、もし同僚の仕事にも関係があるのなら、それは人の役に立ち、同時に自分も輝ける絶好のチャンスです。

露出度は高いのに、重要度は低いという活動は、「**メンテナンス**」のカテゴリーに入ります。メンテナンスの仕事で大切なのは、安定した結果を出すこと。変な失敗をして悪目立ちしてはいけません。メンテナンスの仕事は、たとえるならトイレ掃除のようなものです。きれいに掃除していているかぎりは誰にも気づかれませんが、少しでも汚れているとみんなから文句を言われるのです。

重要度の低い仕事が注目を集めるのは、何か失敗があったときだけです。毎月提出している定期レポートを覚えている人は誰もいません――例外は、不正確なデータをCEOに送ってしまったときくらいです。メンテナンスの仕事では、標準化されたプロセスや手順、テンプレートをつくってしまうのがいちばんの方法です。そうやって作業を簡略化すれば、もっと「輝く」仕事に時間を使うことができるでしょう。

重要度も露出度も低い仕事は「**時間の無駄**」カテゴリーに入ります。ここに入る仕事は、完全にやめてしまうか、もしやるにしても最低限の労力ですませるべきです。この種の雑用をしたところで、あなたの組織内での力はまったく増えません。

ときにはどういうわけか、重要度の高い仕事をしても周りに気づかれないこともあります。それが「**透明な仕事**」です。ここでの目標は、透明な仕事にスポットライトを当てること。もし本当に大切な仕事なら、注目度を高めるチャンスは必ずあるはずです。

よく使われ、実際に役に立つ戦略の1つは、人々の興味を引く情報の中に透明な仕事を潜《もぐ》り込ませるというものです。マネージャーは情報ジャンキーのようになっている人が多いので、事実、数字、データを見せればすぐに食いついてきます。彼らに何か気づいてほしいことがあるなら、それを数字で表しましょう。

自分がしている透明な仕事を数字で表現できるようになれば、その仕事だけでなく、あなたの存在も露出度が向上するはずです。たとえば人事部では、従業員の苦情に対処するという仕事が日常的に発生します。苦情の種類はさまざまで、マネージャーへの不満といったシンプルなものから、差別やセクシャルハラスメントを正式に訴える深刻なものまであります。

これらは人事部にとってとても重要な仕事ですが、経営陣の目に留まることはめったにありません。注目されるのは、状況が悪化して弁護士までが登場するようなときだけです。それでも、そういった従業員の苦情を数値化し、四半期ごとのレポートにまとめてみると、急に経営陣から注目されることがあります。最終的に、すべての部署のエグゼクティブ・ミーティングでその情報が共有されるようになります。

透明な仕事の露出度を上げることに成功したら、次はそこに「輝き」の要素も加えることを目指しましょう。

最後に大切な話があります。**露出度の高い仕事をするときは、正確性、質、見た目のすべてが完璧であるように、二重にも三重にもチェックをしなければなりません。**もしあなたが管理職なら、部下たちの仕事も、すべてあなたの仕事の評価につながるということを忘れないでください。

知り合いのCEOには、ちょっと困ったクセのあるアシスタントがいました。そのアシスタントは若い女性で、とても優秀なのですが、メールを見直さずに送信してしまうのです。スペルや文法の間違いがあっても、そのまま送ってしまいます。その結果、彼女が白い目で見られるだけでなく、ボスであるCEOの評判も下がり、ひいては会社全体の評判も下がってしまいました。

不注意や怠慢が原因の失敗をすると、他のところでも同じように手を抜いているのだろうと思われてしまいます。たとえば、飛行機に乗るときを想像してみてください。機内に入ると、ところどころ塗装がはげ、シートは破れ、頭上の荷物入れはきちんと閉まらない。そんな不備の数々を見せられると、これはエンジンもどこか壊れているのではないかと不安になりませんか？

「こう見られたい自分」を演じる

あなたが考えること、感じることを知っているのはあなただけです。周りの人は、あなたの態度を見て内面を推測することしかできません。彼らに見えるのはそれだけだからです。自分では自信があるつもりでも、周りから自信がありそうに見えなければ、その自信には何の意味もありません。

人が新しい役割を学んだり、態度を変えようとしたりするとき、心理学者は**「〇〇のようにふるまう」というテクニック**を推奨することがよくあります。つまり、人前で話すのが苦手なら、人前で話すのが得意な人のようにふるまう。上司が嫌いなら、上司が好きなようにふるまう。営業の電話をかけたことが1度もないのなら、ベテランのセールスパーソンのようにふるまう。それをしばらく続けていれば、いつか演技ではなくなるかもしれません。

慣れない役割を演じなければならなくなった人は、よく「インポスター症候群」に悩まされます。「インポスター」は「詐欺師《さぎし》」という意味で、つまり自分が別の人間のふりをする詐欺師になったように感じるということです。

新人のマネージャー、新人のセールスパーソン、新人のトレーナーなど、とにかく何かを新しく始めたばかりの人は、インポスター症候群にかかりやすくなります。それでも、ここで大切なのは、とにかく「演技」を続けること。続けていれば、いつか演技ではなくなります。

そして演技を続けるには、まず自分の中で「理想像」がはっきりしていなくてはなりません。**そのために必要なのがロールモデルです**。私の場合も、コーチングのクライアントが自分の行動や態度を変えるときは、お手本になる人を見つけて、その人をよく観察するようにアドバイスしています。彼らの行動の中から特に効果的なものを見つけ、それを真似すればいいのです。

ときには、自分が自分のロールモデルになれることもあります。たとえば、難しい同僚との関係を改善したいという目標があるなら、仲のいい人と一緒にいるときの自分を観察してみましょう。そして、難しい同僚と一緒にいるときも、その自分を演じるのです。

「こう見られたい自分」を演じることは、キャリアの目標達成の助けにもなります。昇進、あるいはキャリアチェンジが目標なら、その新しい地位にふさわしい話し方、服装、行動を目指すのです。部長になりたいのなら、お気に入りのアウトドアファッションも、紙袋に入れたお弁当もふさわしくありません。もちろん、あなたの会社の部長はそのスタイルだというのなら話は別です。その場合は、三つぞろいのスーツでビシッと決めていると、完全な場違いになってしまうでしょう。

自分の見え方を意識するのは、薄っぺらい見栄っ張りとは違います。あなたはただ、自分の能力が過小評価されるような要素を注意深く取り除いているだけです。

自分以外の何かになろうとしても、たいていはうまくいきません。その一方で、自信と実力がある人のようにふるまおうとする努力は、実を結ぶことが多い。知ったかぶりはすぐに見抜かれ、周りから愚かだと思われてしまいます。でも、何かについて本当に知っていて、人前で話すことに緊張していても、自信を持って話しているようにふるまうのであれば、それは周りの人に好印象を与えます。

人は自分が観察したものを基準に物事を評価します。そのため、自分のイメージを思い通りにコントロールできる能力は、高い組織スキルの証明でもあるのです。

誰を「仲間」として引き入れるべきか？

パートナーシップの原則：仕事上のポジティブな関係は、すべて組織内での力の向上につながる

組織内での力を高める確実な方法は、**仕事にパートナーシップのアプローチを取り入れることです**。パートナーづくりは、自然にできる人もいれば、意識して努力しなければならない人もいます。私の知り合いには、意識的にランチを毎回、違う人と一緒に食べるようにしている人もいましたが、もしあなたが、毎日違う人とお昼を食べるなんて地獄の苦しみだと感じるタイプの人でも心配はいりません。社交的でないなら、自分にとってもっとも大切な関係を決めればいいのです。

仕事上の関係が多い人も、少ない人も、すべての関係を注意深く育てなければなりません。誰かにキツいことを言ったり、言い訳をしたり、非協力的だったりするたびに、あなたは自分の力も少しずつ失っているのです。

近ごろでは、自分ひとりでできる仕事はめったにありません。開拓時代に馬の蹄鉄《ていてつ》を打つ仕事をしていた人なら、一日中誰にも会わないこともあったかもしれませんが、現代では自分だけでできる仕事はほとんどなくなりました。誰かと協力しなければ、どんな仕事も成り立ちません。

とはいえ、困ったことに、人間には縄張りを守ろうとする強い本能があります。だからこそ、お互いの縄張り意識が衝突し、職場ではさまざまな問題が発生するのです。人々が協力できないと、犠牲になるのはビジネスです。「パートナーシップの原則」を実行するには、縄張り意識を脇に置き、他者を歓迎するモードにならなければなりません。

プロジェクトに取り組んでいるところなら、助けになってくれそうな人は他に誰がいるでしょう？　何かを決めなければならないなら、有益な情報を持っていそうな人は誰でしょう？　変化を起こそうとしているところなら、その変化について知らせておくべき人は？　自分が持っている情報を必要としている人は、他に誰がいるでしょう？

こうやって「**人々を仲間に入れる**」という考え方を習慣にすると、**組織内での力が大きくなり、さらに自分の仕事の質も上げることができます**。

組織とは、つまるところ人間のネットワークです。新しいつながりができるたびに、それが新しい知識、新しい専門スキル、新しいサポートをあなたに届けてくれます。そして、あなたの当面の目標と、未来の目標によって、どのつながりがいちばん役に立つかが決まる。つながりがあるなら、ぜひ活用しましょう！

私は部署異動の希望を持っている男性に、「希望先の部署にいる知り合いに、その話をしていますか？」と尋ねたことがあります。彼は数秒、私の顔をじっと見ると、「そういえばしていません。なぜ今までそれに気づかなかったんだろう」と答えました。おそらく単に声をかけ忘れていたというより、心の中に無意識の壁を築いていたのでしょう。たとえば、上層部の人たちは恐れ多くて近寄れないと思われがちですが、実際は気さくで話しやすい人もたくさんいます。

私自身もキャリアの初期に、メンターからそれを学びました。ある日のこと、私は何気なく、うちのスタッフも組織のトップに直接会えたらいいのにと口にしました。すると、それを聞いたメンターは、「それなら彼をスタッフミーティングに招待したら？」と言ったのです。その瞬間、私の漠然とした希望が、具体的な目標に変わりました。実際に私がトップを招待したところ、彼は本当に出席し、さらにはスタッフたちに会えたことを心から喜び、今後はもっと現場に顔を出したいと言ってくれたのです。**ときに私たちは、自分でも気づかないうちに、勝手に限界を決めていることがあるのです。**

「パートナーシップの原則」に従えば、他の部署や組織との「ジョイントベンチャー」という道も見えてくるかもしれません。お互いに補完できるような知識やスキルがある場合、ジョイントベンチャーは特に効果的です。

製品デザインを担当するエンジニアであれば、セールスパーソンから、顧客の習慣や好みについて貴重な情報を教えてもらえるでしょう。社員教育を担当する部署であれば、自分たちが開発した研修プログラムを社内に広めたいときに、マーケティング部の人たちから役に立つ戦略を教えてもらえるかもしれません。

このようなコラボレーションには、自分の組織内での力を高めるという点で二重の見返りがあります。1つは、自分がよりよい結果を出せること。もう1つは、人脈が拡大すること。この2つを同時に達成できるのです。

他のグループと共通の目標がある場合、パートナーシップはもっとも賢い選択肢になるでしょう。共通の目標を持つ人たちは、お互いに協力することで、自動的にレバレッジを高めることができます。

他人に対する許容範囲を拡大する

たとえ親切で、感じがよく、誰とでも分け隔てなく接する人であっても、どうしても仲間に迎え入れたくないという相手はいると思います。そういった相手と一緒に仕事をすることになると、たいていイライラしたり、失望したりする結果になります。

私たちの誰もが、自分のやり方こそが正しいやり方だと信じているようなところがあるために、仕事の進め方や物事の見方が自分とは違う人たちに対して、寛容の心を持ちにくくなります。しかし、「パートナーシップの原則」の基本となる教えは、「**一緒に働く人が増えるほど、あなたの力も大きくなる**」です。これは許容できるゾーンを拡大すれば、自分も組織内で有利な立場になれるということです。

相手が完全な「愚か者」で、誰ともうまくやっていけないというのなら話は別ですが、そうでないなら、あなたが同僚に感じているイライラや不満は、おそらく仕事のスタイルの違いから来ているのでしょう。生まれつきの脳内物質の構成や、家庭の価値観、人生経験は人によって違うので、タスクやプロジェクトへの取り組み方が人によって違うのも当然です。とはいえ、ある種の組み合わせは、他の組み合わせよりも問題が起きやすいということはたしかにあります。

次ページからの表は、よく見られる「正反対の仕事のスタイル」をまとめたものです。表を見て、自分が職場で経験している問題がどこにあてはまるか考えてみましょう。

コントローラー

コントローラーは、すべてが予定通りに進み、すべての人が決められた通りに動くことを期待します。彼らは他人に指示を出すことを好みます。

独立者からは、独裁的、権力欲が強いと思われている。

独立者

独立者は他者からの干渉を嫌い、自分の裁量で働きたいと思っています。まず達成すべき目標を理解し、そこからは自力で目標に到達することを目指します。

コントローラーからは、反抗的、コミュニケーションができないと思われている。

オーガナイザー

オーガナイザーは混沌の中に秩序を確立し、ルール、手順、システムを作成するのが得意です。厳密な枠組みがあり、自分に期待されることが明確な状況で働くときがもっとも安心できます。

適応者からは、ルールにこだわりすぎる、堅苦しいと思われている。

適応者

適応者は変化に抵抗するのが得意で、必要なら迅速に方向転換ができます。厳密な枠組みがなく、柔軟に働ける環境を好みます。

オーガナイザーからは、計画性がない、不注意だと思われている。

イノベーター

イノベーターは、新しいアイデアを思いつくこと、製品やプロセスを改良する方法を発見することに楽しさを見いだします。変化は刺激的でおもしろいと感じます。創造性が奨励されるような環境で働くことを好みます。

伝統主義者からは、軽々しい、非現実的だと思われている。

伝統主義者

伝統主義者は、昔ながらの手順やアプローチを尊重します。効果の証明されたプロセスや解決策を好み、それを変えることを嫌います。安定性、予測可能性、首尾一貫性に価値を見いだします。

イノベーターからは、想像力がない、退屈だと思われている。

Political Skill

Figure
#019

正反対の仕事のスタイル

プロデューサー

プロデューサーはすぐに仕事を始めることを好み、結果を重視するタイプ。彼らは自分がしている仕事そのものに喜びを感じます。彼らにとって、人間関係はむしろ仕事の邪魔になる存在です。

共感者からは、無神経で退屈な人と思われている。

共感者

共感者は同僚のことを知りたいと思っています。彼らは他人と一緒に働くことに喜びを感じます。彼らにとって、人間関係は仕事に欠かせない一部です。

プロデューサーからは、なれなれしい、繊細すぎると思われている。

ビジョナリー

ビジョナリーは、よりよい未来を創造する可能性にモチベーションを感じます。長期のプランを立てること、新しい可能性を探ることに興味を持っています。

実行者からは、夢ばかり見ている、非現実的だと思われている。

実行者

実行者は、目の前の仕事を正しく行うことにモチベーションを感じます。細部まできちんと仕上げること、目の前の問題を解決することを重視します。

ビジョナリーからは、視野が狭い、戦略的思考ができないと思われている。

計画者

計画者は、綿密な計画を立ててから、問題解決やプロジェクトの実行に向かうタイプです。行動を起こす前に、費用対効果や予想される障害を分析し、不測の事態に備えた計画を立てるのが好きです。

行動者からは、動きが遅い、慎重すぎると思われている。

行動者

行動者は、問題やプロジェクトがあればすぐに行動を起こすタイプです。迅速に解決策を実行し、その結果から学び、そして必要なら修正を加えるという働き方を好みます。

計画者からは、拙速だ、衝動的だと思われている。

正反対の働き方に合わせるために許容できるゾーンを拡大すると、職場の人間関係が向上するだけでなく、あなた自身にとっても見返りがあります。皮肉なことに、もっともイライラさせられる人の多くは、自分の足りないところを補完してくれる存在でもあるのです。彼らにはこちらにはない強みがあり、こちらには彼らにない強みがある。

正反対の人とのコラボレーションはよりよい結果を生み、お互いにとって新しいスキルの発見にもつながるでしょう。ここでのコツは、相手にイライラしても、相手が悪いわけでも、無能なわけでもないと自分に言い聞かせること。ただあなたとは「違う」だけなのです。

徹底した自己分析から、現実に即したゲームプランが見えてくる

前に登場した、マニュアル作成責任者のゲイルを覚えているでしょうか？　彼女はストレスで爆発しそうになっていましたが、いったん冷静になり、ついにゲームプランを完成させることができました。

最初のミーティングから半年後、彼女はまるで別人のようになっていました。穏やかにいつも笑顔を浮かべ、幸せそうです。先日、昇進し、上司との関係も大幅に改善したと言います。「上司が変わったかどうかはよくわからない」と、彼女は言いました。「でもたぶん、彼に接する私の態度が変わったんでしょうね。以前の私は、自分にはコントロールできないことに対

して文句ばかり言っていたから。でも今は、この会社の文化を受け入れているの。綿密な計画と秩序はこの会社の文化ではないし、たぶんこの先もずっとそれは変わらないでしょうね」

ゲイルがこの奇跡的な変身に成功したのは、自分自身が変わろうと決意し、意図的に努力したからです。彼女は受け身的に変化を願うのをやめ、次のことを実行しました。

❶ 自分は計画的で秩序を好む人間だが、自分が働く会社は混沌として秩序がないという、変えられない現実を受け入れる。会社の文化について不満を言い続けるのではなく、自分の計画性が会社に貢献できるチャンスを見つける。

❷ プロダクトマネージャーと話す機会をつくる。ギリギリになって変更を加えられるとマニュアル作成チームはとても困るということを理解してもらい、彼らと協力して混乱なく変更を加えられるようなシステムを確立する。

❸ 製品企画のミーティングに自分も参加できるか尋ねる。初期の段階から製品企画について話を聞いていれば、マニュアルに含むべき内容についてよりよく理解することができる。

❹ 自分の怒りや不満のせいで重要な仲間を遠ざけていること、その結果として自分のレバレッジも大幅に減少していることを理解する。もっと人の話をよく聞き、違う考え方を尊重し、コミュニケーションを取る相手に対して攻撃的な態度にならないように注意する。

❺ 上司への態度を変える。自分の問題をすべて上司のせいにするのではなく、上司はむしろ「パートナー」だと考え、仕事上の問題を協力して解決することを目指す。それに加えて、上司の苦労も理解するように努力する。

❻ 昇進する条件を人事部に確認する。その結果、自分はすでにワンランク上の仕事をしていることがわかったので、正式な昇進に向けて準備を始めた。上司も昇進をサポートしてくれた。

❼ 同僚との関係を見直す。いつも同じメンバーで集まって仕事の愚痴を言い合っていたランチの習慣をやめ、さまざまな人と昼食を取るように変えた。

ゲイルが組織内での自分の立場を自覚し、リハビリを始めることができたのは、徹底した自己分析のおかげです。その分析をもとに、組織スキルを向上するための現実的なゲームプランを立てました。かつてのゲイルは、非生産的な怒りにエネルギーを注いでいましたが、今ではそのエネルギーを目標を達成することに向けています。組織内で新しい自分に生まれ変わることに成功したゲイルは、「殉教者」から「成功者」になることができました。

{実践}

1 4つの「P」から行動プランを立てよう

・まず現在の目標を明確に決め、その目標達成のためにエネルギーを使うようにします。
・次ページの表にある質問に答え、組織内での力を高め、目標達成の助けになりそうな方法を探りましょう。
・表の質問に答えたら、それぞれの答えをもとに行動プランをつくります。具体的な行動と、それをいつ実行するかをリストにしましょう。行動をふり返り、進捗状況を評価するための時間もつくります。

Figure
#020

パワー分析（Power Assessment）

・レバレッジ・ブースター
あなたのレバレッジを高めている要素は何か？　それを最大限に活用する方法は？

・レバレッジ・バスター
あなたのレバレッジを減少させている要素は何か？　それを克服する方法は？

パフォーマンス（Performance）

・ROIマインドセットを育てる
自分のROIに対する上層部の評価を上げるにはどうするか？

・結果を出す
期待される結果を安定して出し続けるためにできることは何か？

パーセプション（Perception）

・結果に「輝き」を加える
自分がしている仕事のうち、もっと目に見える存在にしたほうがいいものは何か？
あるいは、見せ方をもっと工夫したほうがいいものは？

・〇〇のようにふるまう
「こう見られたい自分」になるために、あるいは目指している役割を手に入れるために、
どんな行動や態度を変えればいいか？

パートナーシップ（Partnerships）

・人々をパーティに招待する
自分の意思決定、プロジェクト、活動に参加してくれる人の数を適切に増やすためにできることは何か？

・許容できるゾーンを拡大する
一緒に働くのがもっとも難しいと感じるのはどんなタイプの人か？
どうすれば彼らとより効果的に協力することができるか？

第9章 「組織で自由に働く人」には影響力という武器がある

多くの人はほとんどの時間、何も考えずに自動的に動いています。それがうまくいくこともあれば、いかないこともある。ある意味で、自分の態度に無自覚で、それが他者に与える影響についても無自覚です。それに加えて、他人の目にはどう映るかということも意識していません。

マクドナルドで注文するときや、クリーニング店で服を受け取るときなら、無意識でも特に問題はないでしょう。どちらも特別なエネルギーや思考、計画を必要としないルーティン作業であり、周りへの影響も大きくありません。ところが、これが職場となるとまったく話は違います。職場という複雑な環境で1日をつつがなくすごすには、かなりの意識的な注意が必要になります。

ここで、意識的な行動と無意識の行動はどこが違うのか、マクドナルドでの注文を例に考えてみましょう。普通の状況であれば、特に何も考えず、いつも通りに注文するだけです。店に入り、欲しいものを伝え、お金を払い、商品を受け取る。マクドナルドで注文するときはいつも同じ行動のくり返しです。注文しながら他のことを考えていたりもするかもしれません。

しかし、あなたの注文を担当したマクドナルドの店員が、CEOの十代の娘だったらどうでしょう？　あなたはそれに気づくと、すぐに自分の言動のすべてを意識するようになるはずです。「こんにちは！　会えて嬉しいよ！　学校はどう？（どうしよう！　今日のTシャツの背中には卑猥なジョークが書いてある！）」

ここで自分の行動に意識的になったのは、状況がいつもとは変わったからです。普段なら、ただお腹を空かせながらハンバーガーが出てくるのを待ち、受け取ったら席に着くだけですが、店員がCEOの娘となると、ここでの言動が自分のキャリアに影響を与えるかもしれない。

彼女が注文を間違えても、あなたはそれを怒ったりしないでしょう。今後、そのマクドナルドに行くときは、卑猥なジョークが書かれたTシャツを着ないはずです。たいした違いはないかもしれませんが、それでもあなたはCEOの娘に悪い印象は与えたくない。

誰かに影響を与えるには、ある程度は自分の言動を意識することが必要です。組織スキルの達人は、常に自分の言動を意識し、その場にふさわしい言動を選んでいます。何も考えずに行動しているなら、組織で上り詰めるのは難しいでしょう。

他人を変える前に、まず自分が変わる

影響力のスキルで黒帯を獲得したいなら、**セルフマネジメントの達人にならなければなりません。**自分の言動を賢く選べるようになるには、それしか道はないからです。

誰かに影響を与えたいと思うとき、たいていは相手が変わることを望んでいます。しかしここではむしろ、まず自分がどう変われるかということを考えなければなりません。なぜかというと、あなたにコントロールできるのは、あなた自身の行動だけだからです。

それが次にあげる「影響力のパラドックス」です。

【他人の態度を変えたいなら、自分の態度を変えなければならない】

対人関係はダンスに似ています。タンゴを踊っているなら、2人ともタンゴのステップを踏まなければならない。タンゴからワルツに移るなら、2人のうちのどちらかがパターンを壊し、新しいリズムに合わせる。それと同じように、私たちには、人と交流するときに決まったパターンがあります。職場の誰かに行動や態度を変えてもらいたいなら、まず**自分の「ステップ」を変える必要がある**のです。

簡単な例で考えてみましょう。ブラッドはとても外向的で、おしゃべりが大好きです。そのブラッドが、物静かで控えめなフランクと一緒にランチへ行くと、予想通りの展開になりました。ブラッドがずっとしゃべり、フランクはずっと聞き役だったのです。

ランチの後で、ブラッドは友人に愚痴を漏らしました。「フランクは一緒にランチをしても、まったく話さないんだよ。たまには何か言えばいいのに。退屈な男だ！」。一方でフランクは、同じ出来事から違う印象を持ったようです。「ランチの間、ブラッドはずっとしゃべっていたな。たまには口を閉じて、他の人の話も聞けばいいのに。なんてつまらない男なんだ！」

2人のうちのどちらかが自分の態度を変えていたら、結果は違っていたかもしれません。ブラッドが独演会をやめて、フランクにいくつか質問をしていれば、フランクも会話に参加していたかもしれない。フランクが何か言っていれば、ブラッドも耳を傾けたかもしれない。

人間関係のパターンを変えるには、少なくとも誰か1人が、セルフマネジメントを発揮することが必要になります。

セルフマネジメントを身につけるには、3つのスキルを磨かなければなりません。それは、「**自己観察**」「**セルフコントロール**」「**行動の選択**」です。

「**自己観察**」とは、自分の言動を常に意識するという意味です。幽体離脱をしろとまでは言いませんが、それでも客観的な第三者のように自分を観察することが求められます。

2つ目の「**セルフコントロール**」がどんなものかは誰でも知っています。ところが、実際に行っている人はほとんどいません。簡単に言えば、セルフコントロールとは、自分の衝動にブレーキをかけることです。何かをやりたくなったり、言いたくなったりしても、あえてそれを実行しないことを選ぶ。おしゃべりな人にとってのセルフコントロールとは、脳と口の間にフィルターを設置することでもあります。

逆に、寡黙な人のセルフコントロールは、これとは正反対です。よくひとりで考えごとをしていて、社内で誰かとすれ違ってもまったく気づかないような人は、じきに同僚たちの間で、傲慢で非友好的な人物だという評判が広まるでしょう。そこで求められるセルフコントロールは、他人と一緒にいるときは現実との接点を断たない、ということになるでしょう。

セルフマネジメントを構成する3つのスキルの最後に登場するのは「**行動の選択**」です。自分の言動を観察し、衝動を抑えることができれば、あとは自分の行動を賢く選択できるようになればいいだけです。たとえ社交的でなくても、廊下で誰かとすれ違うときに「おはよう」と言う。上司に不満があっても、人前で上司の愚痴を言うのではなく、逆にたまには上司のいいところを指摘する。

セルフマネジメントを身につければ、自分の言動をコントロールし、うっかり「愚か者」のカテゴリーに落ちてしまうのを避けることができます。

影響力は他人を介して発揮される

バスケットボールをプレーする、肖像画を描く、人前でスピーチをする、数学の問題を解くなど、とにかくあらゆる能力で、人は3つのカテゴリーに分類されます。それは、生まれつき才能に恵まれた人、訓練すれば能力を身につけられる人、そしてどんなにがんばってもできるようになれない人です。

影響力という能力もそれと同じです。生まれつき才能に恵まれた人もいますが、私たちのほとんどは「訓練すれば身につけられる人」に分類されるでしょう。そして**影響力の訓練は、影響力のプロセスを理解するところから始まります。**

POLITICAL SKILL

Figure
#021

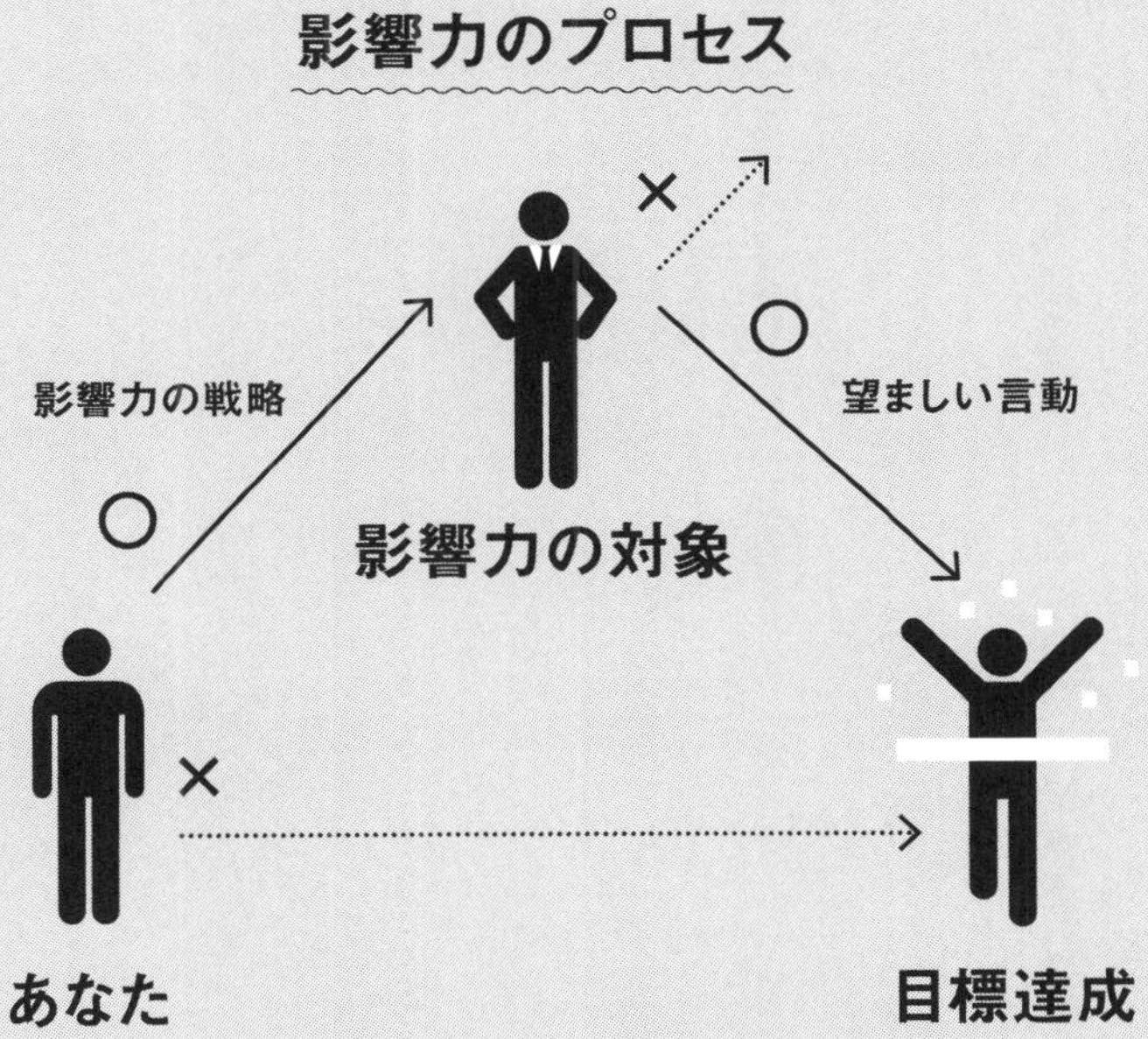

- あなたには、 あなたにとって重要な目標がある
- 他の誰かが、 あなたがその目標を達成する助けになるか、あるいは障害になる
- 目標を達成するには、その誰かにある特定の言動をしてもらう必要がある
- その望ましい言動を引き出すには、適切な影響力の戦略を使わなければならない
- ここで間違った戦略を選んでしまうと、その誰かはあなたを助けたいとは思わないかもしれない

他人を操るようなことはしたくないと心配しているなら、ここで「組織の黄金律」を思い出してください。この黄金律は、他人にとって害になる影響力の行使を禁じています。あなたの目標が価値あるものなら、周りの人の力を借りてそれを達成するのは、彼らの利益にもなるのです。実際のところ、何も考えずに行動するほうが、よっぽど周りの迷惑になります。「何も考えていない」というのは、決して褒め言葉ではありません。

ここで簡単な例を見ながら、影響力のプロセスについて考えていきましょう。

・ダレンには、グローバルな仕事をしたいという希望がありました。彼の上司は、ドイツである重要なプロジェクトを統括していて、ダレンはそのプロジェクトに必要なある特定のスキルを持っています。プロジェクトに興味があることは何度かほのめかしていますが、今のところ上司からは何の反応もありません。上司にどのような影響を与えれば、ダレンはドイツに派遣してもらえるでしょうか？

・ビビアンの家のガレージは、夫の持ち物がそこらじゅうに散らばって大変な状態でした。ビビアンは、ガレージをきれいにしたいし、その片づけと掃除を夫にやってもらいたい。ところが、夫にはまったくその気がありません。ビビアンはどうすれば夫にガレージの掃除をしてもらえるでしょうか？

・ジェイクはガールフレンドから、お互いに「しばらくの間」、他の人と付き合ってみたほうがいいのではないかという提案を受けました。ジェイクはこのままの関係を続けたいと思っていましたが、彼女の決意は固いようです。ジェイクがどんな言動を選べば、彼女も考え直す気になってくれるでしょうか？

例にあげた3人は、みな他人が関係する目標がありながら、その相手は今のところ思い通りに動いてくれていません。事態を進展させるには、3人とも**まず「影響力」と「コントロール」の違いを理解する必要があります**。影響を与える方法はたくさんありますが、コントロールできるものはほとんどありません。

ダレンの場合、自分をドイツに送れと上司に命令することはできません。ビビアンも、夫を無理矢理テレビの前から引き剥がし、ガレージの掃除をさせることはできません。ジェイクも、ガールフレンドが他の男性と付き合うのを禁止することはできません。このような状況で相手をコントロールしようとすると、事態はますます悪化してしまいますが、正しい影響力を行使すれば、相手も協力してくれる可能性があります。

あるCEOは、かつてこんなことを言っていました。彼にとってもっとも大きな不満は、自分の会社で起こることをコントロールできないことだ、と。たしかにCEOは巨大な力を持っていますが、マネージャーたちの意思決定や、現場の従業員の働きぶりなどを、すべてCEOの思い通りにするのは不可能です。もしそんなことをしようとしたら、かえって大混乱に陥ってしまうでしょう。CEOでさえ、自分が影響を与えられるもの、たとえば会社の戦略方針や経営の質といったものにだけ集中してきたからこそ、今の成功があるのです。

人はしばしば、誰がどう見てもコントロールできないものに執着し、エネルギーを無駄づかいしてしまいます。その結果、エネルギー不足で大切な目標を達成することができなくなるのです。誰でもエネルギーの供給量はかぎられています。だから、現実的に考えて達成できる見込みのある目標にだけ、エネルギーを注ぐようにしましょう。

影響力を高めるには戦略のレパートリーを増やす

コントロールから影響力に、そして他人を変えることから自分を変えることに意識を転換したら、自分の行動や他人との関わり方について賢い決断を下せるようになります。影響力を高めたいなら、次のことを覚えておきましょう。

あなたはいつでも自分の態度を選ぶことができる

何も考えずに行動するのは、選択権を手放すということであり、たいていの場合、目標達成から遠のいてしまいます。ビビアンが感情のままにだらしない夫をガミガミ叱ったら、夫も不機嫌になり、せっかくの土曜日が台無しになるうえに、ガレージは散らかったままです。ビビアンが取れる選択肢は他にたくさんあるはずです。その中から、夫にとってもっとも効果がありそうな方法を選ぶべきです。

組織スキルのある人は、自分の目標達成の助けになり、なおかつ協力が必要な相手にいちばん合った戦略を選ぶことを常に心がけています。ダレンが有効な戦略を立てるためには、まず上司の性格、目標、意思決定はもちろん、プロジェクトと会社のビジネス全体のニーズも考慮する必要があります。

ガールフレンドからの爆弾発言に対し、ジェイクが衝動的に「自分を捨てないでくれ、君なしの人生なんて想像もできない」と泣いて懇願《こんがん》しても、かえって逆効果でしょう。ジェイクの取るべき戦略は、彼女にとってもっと魅力的な存在になることであり、捨てられて惨めな男になることではありません。ここでの正解は、あくまでクールに「わかった。そのことについて話し合おう」と言うことかもしれません。

1つの戦略がうまくいかなかったら、アプローチを変えて別の戦略を試してみる必要があります。しかし残念ながら、人は拒絶にあうと今の態度をますます硬化させ、声を荒らげたり、惨めにすがりついたり、頑固に自分の意見を主張したりする。これはまるで言葉のわからない相手に向かって、さらに大きい声で話すようなものです。相手はあなたの言葉がわからないのですから、声を大きくしても意味はありません。

たとえ自分では理にかなったことを言っているつもりでも、相手が聞く耳を持たないなら、アプローチを変えて質問をしたほうがいいかもしれません。あるいは、自分の意図をどんなにほのめかしても相手に気づいてもらえないなら、欲しいものをはっきり伝えたほうがいいかもしれない。

影響力のスキルを増やすほど、成功する確率も上げることができます。そのスキルのレパートリーを増やす方法の1つは、他者を観察することです。

相手の「ものさし」を把握する

もっとも効果的な影響力の使い方を選ぶには、相手の目から見た世界を理解しなければなりません。私たちの誰もが、自分だけの小さな「箱」の中で人生を経験していて、その世界観は限定的です。自分の価値観、信念、経験、目標といった「壁」にはばまれ、全体を見ることができなくなっているのです。

箱の中から世界をのぞいている状態では、「私の視点」というレンズを通してすべてのものを見ることになります。しかし、**他の人に影響を与えたいなら、相手の箱の中から見える世界を想像しなければなりません**。他者の視点で見るというスキルを身につけた人は、組織のリーダーに向けて大きな一歩を踏み出したといえるでしょう。

ダレンの例で考えてみましょう。ダレンの目標は、上司からドイツのプロジェクトに派遣してもらうことでした。ダレンが自分の箱の中だけで考えていたら、おそらく上司にこんなふうに言うでしょう。

「ドイツのプロジェクトに誰か1人が派遣されることになると聞きました。私はその仕事をぜひやりたいです。ヨーロッパには行ったことがないので、もし派遣されたらこんなに嬉しいことはありません。それにこの仕事は、私にとって国際的な経験を積むチャンスですし、私のキャリアにとっても大きな前進になると思います」

しかし、ダレンが上司の視点を理解しているなら、次のようなアプローチに変えるはずです。「ドイツのプロジェクトに誰かを派遣する必要があると聞きました。プロジェクトの資料を読んだところ、私がここ2回のプロジェクトで経験したことが役に立ちそうです。ドイツのプロジェクトが直面しているような障害を、私たちは解決してきました。ドイツのプロジェクトに関わるメンバーの何人かと、一緒に仕事をした経験もあります。あなたはおそらく、海外経験のあるケビンの派遣を考えていると思いますが、ケビンと私で役割分担をして、双方の能力を活用することもできると思います。私が現在担当しているプロジェクトについては、ワンダに引き継ぎたいと思います。いかがでしょうか？」

こちらのアプローチのほうが成功の確率が高い理由について、具体的に見ていきましょう。

❶ ダレンは「共通の目標」を軸にして自分の提案を構成しています。自分にとっての利点ばかり話すのではなく（「もし派遣されたらこんなに嬉しいことはありません」、「私にとって国際的な経験を積むチャンスです」など）、こちらはプロジェクトの成功を強調しています。上司にとってはそちらのほうがよっぽど重要です。

❷ ダレンは想定される反対意見や懸念についても準備しています。現在のプロジェクトを途中で離れることになるのは懸念材料であること、ケビンが最大のライバルになるであろうことを、きちんと理解しています。

❸ ダレンはレバレッジ方程式の計算もしています。この状況ですべてを決める力を持つのは上司なので、ダレンは以前も似たようなプロジェクトで経験を積んだこと、希望するプロジェ

クトのメンバーと知り合いであることを伝え、自らのレバレッジを上げようとしています。

❹ダレンは上司の意見を尋ねるという形で自分の要求を終えています。他者の箱の中に入るベストの方法は、質問をして答えを真剣に聞くことです。

上司がダレンを選ぶ保証はどこにもありませんが、この戦略によって可能性が高まることはたしかです。

それでは、誰かのアイデア、計画、態度が完全に間違っていると確信している状況では、どうでしょうか？

これは、他者の視点に立つのがもっとも難しい状況です――そして、その努力をするのがもっとも重要な状況でもある。たいていの争いごとで、当事者たちは事実について対立しているのではありません。「彼らは間違っている」という言葉は、本当は「彼らは私の意見に同意しない」という意味なのです。次の言葉を覚えておきましょう。

【事実は間違っていることもある。意見はただ違うだけだ】

法的な問題、倫理的な問題をのぞいて、誰かが「間違っている」という結論は不正確であり、自分の組織内の立場にとっても不利になる判断でしょう。自分の意見を押しつけても、たいてい何も変わりません。他者の視点を本気で理解しようと努力すれば、相手も心を開き、あなたの意見に耳を傾けるでしょう。

最終的に得られる報酬だけを考え抜く

真の目標に向かってレーザー光線のような集中力を維持する能力も、影響力を身につけるために欠かせないスキルです。感情が複雑にからみ合う人間関係では、人はよく大局を見失い、非生産的な行動を取ってしまいがちです。そんなこんがらがった状況に巻き込まれ、身動きが取れなくなる前に、**まず自分にとっていちばん大切なものを明確に定義し、その「賞品」から目を離さないようにしなければなりません**。

怒りやイライラがわき上がってきたら、自分に次の質問をしてください。「この状況で自分にとっていちばん大切なものは何か？　私は何が欲しいのか？」。そして、その目標に沿って自分の言動を管理するのです。

私も先日、ある複雑な状況に巻き込まれました。ある大学教授から、クライアント企業のためにリーダーシップ開発プログラムを作成する手助けをしてほしいと頼まれたのですが、彼女はとても優れた知性の持ち主ではあるものの、物事の段取りが絶望的に苦手だったのです。しかも、本人は特に問題だと思っていないようでした。

ここでの最善の策は、私の目標によって決まります。私のもっとも大きな目標は、ただ自分の担当業務をきちんとこなし、クライアントにいい印象を与えることです。自分の担当以外のことに手は出せませんし、プログラム全体の管理も私の管轄外です。もし教授を怒らせてしまったら、このプロジェクトから完全にはずされるかもしれません。そこで、私の取るべき行動は4つでした。

❶ リーダーシップ開発プログラムのあるべき姿について、自分の意見は脇に置く

❷ 不満があってもがまんする

❸ 一緒に働きやすい人になる

❹ 自分が担当する範囲で最高の仕事をする

人は批判されていると感じると、怒り、涙、言い訳、論点ずらしなど、さまざまな戦術を使ってあなたを攪乱《かくらん》してきます。するとあなたも混乱し、本当に大切な目標のことを忘れてしまうのです。

ときに私たちは、一時の感情にとらわれ、自分が目標を達成したかどうかもわからなくなることがあります。感情が高ぶるような状況では特にそうでしょう。

ある重要なプロジェクトに取り組んでいたマリッサは、プロジェクトマネージャーが大きな意思決定から自分を除外しているのではないかと疑うようになりました。ついにがまんできなくなったマリッサが上司に苦情を申し入れると、上司は事態を調停すると約束し、プロジェクトマネージャーと引き合わせて、問題について話し合うことにしました。

「何か問題があるみたいだね」とプロジェクトマネージャーが尋ねると、「問題はあなたよ！」と、マリッサは怒って言いました。「私の提案は完全に無視するし、意思決定にもまったく参加させてくれない。プロジェクトは大混乱になっているのに、あなたはそれに気づいてもいない！」

「それでは、具体的に私にどうしてほしいのだろう？」と、プロジェクトマネージャーが応じると、「プロジェクトの実施方法を決めるミーティングに私も呼んでほしい。うちの部署はその新しいシステムを使うことになるのだから、私たちの意見も反映されるべきだと思う」とマリッサは訴えました。

「それは理にかなった要求だ。そのミーティングにあなたを呼ぶのはまったく問題ない」とプロジェクトマネージャーが答えても、「でも、あなたは私の提案をずっと無視していたじゃない！」とマリッサはくり返しました。「私がプロジェクトの話をしようとしても、まったく聞く耳をもたなかった。あなたはただ……」

「マリッサ」と上司が間に入りました。「話を聞いたところ、きみの目標は達成できたんじゃないかな?」

「それは……」。マリッサは大きく息をしました。「そうですね。たしかにその通りです」

短期の目標でも、長期の目標でも、自分の目標を明確に決めていないと、目先のニーズや欲求、感情に流されてしまいます。そして最終的に、自分の目標を妨害する最大の敵を、鏡の中に発見することになるかもしれません。影響力を賢く行使したいなら、まず自分が欲しいものを知る必要があります。

「直接的な影響力」と「間接的な影響力」を使い分ける

ある広告代理店のプロジェクトチームが、クライアントのために新しい広告キャンペーンを企画していました。メンバーの2人、ポールとドナは、チームには新しいアプローチが必要だと感じていました。そこで次のミーティングで、ポールはこう提案しました。「先に進む前に、このキャンペーンの目標をもう一度確認するべきだ。私が考えている戦略のほうが、このクライアントには気に入ってもらえると思う」

ポールがプレゼンを終えると、今度はドナが、「ポールの提案に不安がある人もいるようなので、みんなの意見も聞きたいと思う。順番に話してもらえるかな?」と発言し、全員の意見に注意深く耳を傾けると、こうまとめました。「みんなの意見を総合すると、たしかにポールのアイデアのほうがよさそうだけど、今の段階で方針を変えると、スケジュールに間に合わないかもしれないという心配がある、ということになりそうね。それで間違いない？」

ドナもポールも影響力の戦略を使っていますが、その内容は正反対です。ポールが使ったのは「**直接的な影響力**」です。自分の考えをそのまま伝え、自分の意見が正しいと納得してもらう。一方でドナが使ったのは「**間接的な影響力**」です。彼女は人々の反応を観察し、質問をして、人々の反応から学んでいます。

影響力を工具にたとえるなら、直接的な影響力は金槌《かなづち》で、間接的な影響力はドライバーになるかもしれません。どちらも便利な道具ですが、正しい用途で使わなければ役に立ちません。金槌かドライバーのどちらかしか持っていなかったら、ある種の状況では困ってしまうでしょう。ドライバーで釘を打つのはかなり大変です。

たいていの人は、生まれつきの性格によって、直接的なアプローチが好きか、それとも間接的なアプローチが好きかが決まります。そのため、無意識のうちに行動していると、自分に向いているアプローチばかり使うようになり、違うスキルが必要な場面で困ったことになってしまいます。

失敗はどちらのアプローチでも起こります。ある大きな部署で新しく部長に就任したラルフは、最初の2カ月で多くのミーティングに参加しました。そのすべてのミーティングで、彼は静かに人の話を聞き、たまに質問をしていましたが、自分の意見はまったく言いません。人々はすぐに、ラルフのリーダーとしての能力に疑問を持つようになりました。

一方ビッキーは、特に権限のある役職ではないものの、プロジェクトを期日までに終わらせる責任者でした。プロジェクトメンバーにスケジュールを徹底的に順守させ、頻繁にメールを送ってやるべきことを伝え、タスクの優先順位が間違っていると感じたらそれを指摘します。しばらくすると、メンバーは彼女を無視するようになりました。ラルフもビッキーも、自分の生まれつきの性格に頼りすぎていたのです。

自分の影響力を最適化するには、あらゆる種類の工具をそろえておく必要があります。そうすれば、どんな状況であっても、さまざまな選択肢から最適の戦略を選ぶことができます。

次ページの表を見ればわかるように、影響力の戦略は、間接的なものから直接的なものへと徐々に移行していきます。まず必要なのは、自分にとってもっとも心地いい戦略と、もっとも苦手な戦略を知ること。その次に、苦手な戦略を使ったほうがいい状況について考えます。

苦手な戦略を使ってみるときは、すぐに結果を求めないことが大切です。新しい能力を開発するのは、それがどんなものであっても時間と訓練が必要です。車の運転を考えてみてください。教習所に行った初日から運転ができたわけではないはずです。

Figure
#022

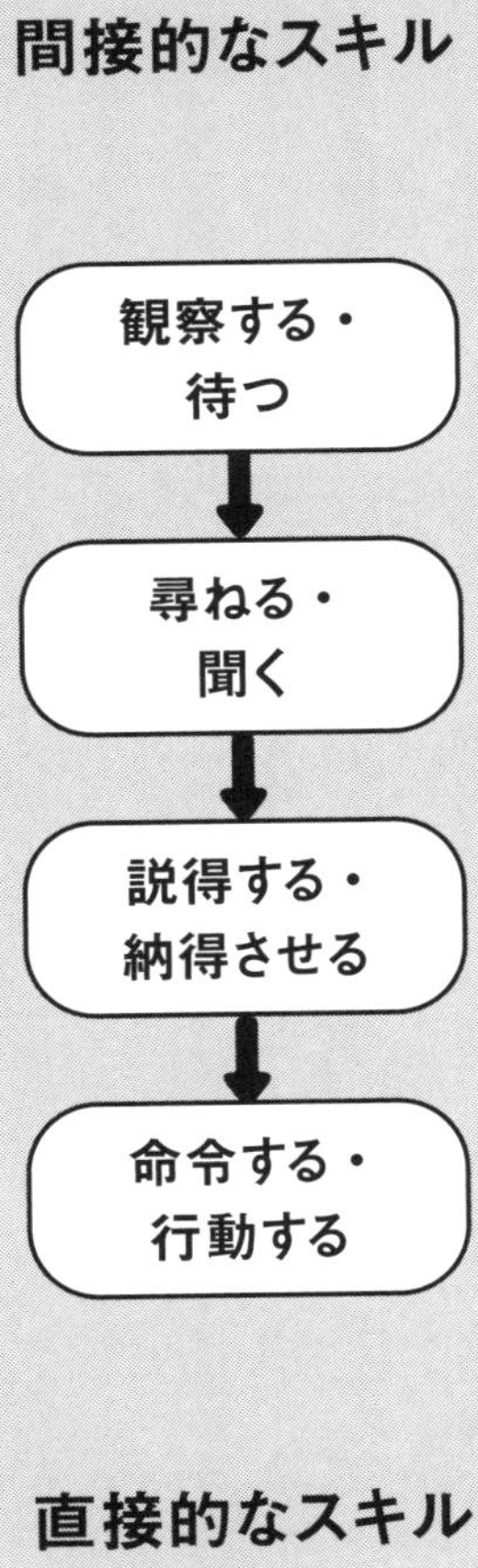

◎観察する・待つ

観察しながら待つことの力はたいてい過小評価されています。

ミーティングで議論が紛糾し、コントロールできない状態になっている場面を想像してください。みなが興奮し、ついにはケンカにまで発展しそうなまさにその瞬間、ずっと黙っていた人が口を開きます。「こんなアイデアがあるんだけど、どう思う？」。そのアイデアには、それまでの議論で出ていたさまざまな意見が盛り込まれています。それまで黙っていた人が急に発言したので、全員が静かにその人の話を集中して聞きました。

こうした**「完璧な瞬間」をつかむことができるのは、観察し、待っていたからこそ**です。昔から言われているように、ときには「Less is more（少ないことはより豊かなこと）」が正しいということです。

組織で自由に働くためには、目の前でくり広げられていることを観察し、瞬時に処理するスキルを身につけなければなりません。日々オフィスの中でくり広げられる人間関係や、権勢の浮き沈みを注意深く観察していれば、誰と誰が争っている、誰と誰が仲がいいといったことや、レバレッジの変化を見抜けるようになるでしょう。

誰かと直接会うときは、相手の言外のシグナルに注目し、感情や反応を読み取らなければなりません。ミーティングの場合は、話題の変化や、メンバー同士の関係に注目すると、「完璧な瞬間」が読めるかもしれません。状況を正確に観察し、タイミングよく指摘することは、誰かに影響を与えたいときに欠かせないスキルです。このスキルがあれば、それぞれの状況でもっとも効果的な戦略を選ぶことができるからです。

待つとは、行動を先送りにする決断のことでもあります。これはすぐに行動を起こしたいタイプの人にとっては、拷問《ごうもん》のように感じることもあるでしょう。それでも、ときには何もしないことがもっとも賢い選択になるのです。

セールスパーソンとして成功した人であっても、その営業のスキルがいつも有効とはかぎりません。たとえば、典型的な「愚か者」である上司の下で働くことになってしまった場合。上司のリーダーシップのスタイルを変えさせるべく、スキルを駆使して必死にコミュニケーションを図っても、その努力がうるさい干渉ととらえられてしまい、かえって裏目に出るかもしれません。そこでは、観察しながら待つという戦略のほうが、きっといい結果につながるでしょう。

どんな強みであっても、極端な使い方をすると、とたんに弱みに様変わりしてしまいます。待ちながら観察するという戦略も、あまりにも待ちすぎていると、周りからは意見のない人と思われてしまうかもしれません。

静かに座り、周りを観察するのが自分には向いているという人は、おそらくこのスキルを使いすぎていると思われます。もっと直接的なアプローチを練習したほうがいいでしょう。ミーティングに出るたびに大声で自説を主張しろというわけではありませんが、「ここでの発言が目標達成につながる」というタイミングを見きわめることは大切です。

そんなチャンスを見つけたら、どんなに人前で話すのが苦手な人であっても、勇気を出して発言しなければなりません。愚かなことを言ってしまうのではないかと心配しているなら、その心配は無用です。あなたは慎重すぎるほど慎重に言葉を選んでいるのですから、愚かなことなど言うはずがありません。

◎尋ねる・聞く

一流のコンサルタント、カウンセラー、セールスパーソンは、みな尋ねることと聞くことの達人です。**相手を知れば知るほど、相手にとって助けになり、相手への影響力も高まる**ということを、彼らは知っているのです。

自分の普段の会話をふり返ってみてください。他の誰かが話しているとき、あなたは相手の話をきちんと聞いていますか？　それとも話はあまり聞かず、次に自分が言うことを考えていますか？

話をきちんと聞くとは、相手に完全に集中するという意味です。何かをいじったり、貧乏ゆすりをしたり、マルチタスクをしたり、自分の話す番が来るのをイライラしながら待ったりすることではありません。

相手に完全に集中するのは、誰もができることです。たとえば、ＣＥＯがあなたのオフィスにやって来て、「とても重要な話がある」と言ったと想像してみてください。あなたは間違いなく真剣に話を聞くでしょう。聞き方教室などに通って、時間とお金を無駄にする必要はありません。聞くスキルはすでに持っているのですから、その能力をＣＥＯが相手のときだけでなく、すべての人との大切な会話で発揮すればいいだけです。

間接的なスキルをないがしろにする人は、他者の懸念、問題、価値観、意見などを深く理解するチャンスを逃しています。ひっきりなしにしゃべっている人は、そもそも人の話をまったく聞きません。彼らの中には、病的なレベルでしゃべるのをやめられない人もいます。

あなたがそのタイプだとしても、周りの誰からも指摘してもらえないでしょう。そもそも指摘しようにも、口を挟むこともできないのですから。それでも、もし少しでも自覚があるのなら、助けを求めることをおすすめします。自分の口数をコントロールできない人に、他人に影響を与えることはできません。あなたがしゃべればしゃべるほど、相手は聞かなくなるからです。

他者に影響を与えたいなら、質問の力を活用しない手はありません。意味のある質問をするには、本当に相手の答えに興味を持つことが必要です。ただ文の終わりにクエスチョンマークをつければいいというわけではありません。「この休暇規程は本当にどうかしているよね。そう思わない？」というのは、質問ではなく、ただの意見の表明です。一方で、「新しい休暇規程についてあなたはどう思う？」であれば、本当に相手の意見を尋ねていることになります。

ここでも影響力を工具にたとえるなら、質問はスイスアーミーナイフのようなものでしょう。つまり、さまざまな状況で役に立つということです。

❶ 探索する質問

相手のものの見方を理解し、相手の経験、意見、アイデアに興味を持っていることを伝える質問です。たとえば、顧客の反応を知るために営業担当者から話を聞くのであれば、「顧客は新製品を気に入ってくれたよね？」ではなく、「新製品について顧客はどんなことを言っていた？」と尋ねなければなりません。

❷ 相手を巻き込む質問

誰かにプロジェクトに参加してもらいたいときや、変化を起こす手助けをしてもらいたいときに使う質問です。たとえば、人事担当者が、従業員の服装規程を新しく導入しようとするなら、「オフィス内の見た目を改善するために新しい服装規程を導入します」とただ発表するのではなく、まず従業員に対して「職場でのプロらしい服装と、プロらしくない服装をどのように定義しますか？」という質問をして、彼らの意見を服装規程に取り入れるべきでしょう。

❸ 態度を軟化させる質問

相手の態度を軟化させ、友好的な雰囲気で話し合いを進めるための質問です。たとえば、チーム内でミーティングが多すぎると感じ、チームリーダーに訴えたい場合には、「ミーティングばかりで貴重な時間が無駄になっています」と言うのではなく、「ミーティングの回数を減らすことについてどう思いますか？」と質問するのが適切でしょう。

「尋ねる・聞く」のスキルにもやりすぎはあります。質問を矢継ぎ早に浴びせると、相手はまるで尋問を受けている容疑者のような気分になってしまうでしょう。あるいは、ただ相手の答えを聞くだけで、自分の意見をまったく言わずにいると、周りから中身が空っぽな人だと思われてしまう。効果的なコミュニケーションは常に双方向です。

◎ 説得する・納得させる

自分は間接的なスキルが得意だと自負している人でも、直接的なスキルのほうも磨いていく必要があります。直接的な説得が得意になるために、ここで10個のヒントを紹介します。

❶ 宿題をする

話している内容を本当に理解していて、どんな質問が来ても正しく答えられれば、もっと自信を持って説得者の役割を演じられるようになります。

❷ 発言する

心理作戦で相手を操ろうとしても、たいていうまくいきません。やはり話すことが必要です。

❸ 自信を見せる

車の販売員にとって正しいセリフは、「お客様がこのモデルを気に入るかはわかりませんが……」でしょうか？　それとも、「これは本当にすばらしい車です」ですか？　そう、考えればわかることです。ここで大切なのは、自信を伝えるのは言葉だけではないということ。声のトーン、姿勢、表情にも気を配ってください。

❹ 知ったかぶりをしない

何かを知らないのなら、知らないと言うべきです。知ったかぶりはたいてい相手にばれますし、むしろダメな人、自分に自信がない人という印象を与えてしまいます。真に自信のある人は、堂々と「知りませんでした」と言うことができます。それに加えて、「後で調べておきます」という言葉も忘れません。

❺ 自分の製品を信じる

あなたの「製品」はアイデアかもしれないし、提案、ポリシー、プログラムかもしれない。それが何であれ、相手に納得させるには、まず自分がその価値を信じていなければなりません。

❻ 自分の観客を知る

あなたが影響を与えたいのは誰でしょう？　彼らの背景、経験、怒りのスイッチ、ニーズ、恐怖、集中力の持続時間を考慮し、それに応じてコミュニケーション方法を決めなければなりません。

❼ 共通の目標、共通の興味を探る

自分の提案が相手にとってどのような利益になるか考えます。どんな人でも、真っ先に考えるのは、「それで自分はどんな得をするのか？」ということです。それが人間の本能です。

❽ ワクワクさせる！

目に見えるように描写したり、ストーリーを語ったりして、相手の注意を惹きつけます。とにかく明るく前向きに伝えましょう。

❾ 相手を巻き込む

自分だけがダラダラと長く話していると、相手は興味を失い、今日のランチはどうしようなどと考え始めてしまいます。逆に相手も会話に巻き込めれば、相手は興味を失わず、あなたの説得力も高まります。話を聞かなくなった人を説得することはできません。

❿ 間接的なスキルも忘れずに

もっとも効果的な説得者は、自分が黙って聞き役に回るべきときを知っています。

そして最後に、いつでもロールモデルを探すこと。説得の達人を見つけたら、その人が使っている便利なテクニックを研究し、自分のスタイルに応用するといいでしょう。

ときには、極度に直接的になることでしか、望んだ結果を得られないこともあります。強いリーダーシップが求められる状況では、この「命令する・行動する」のアプローチを使うのが適切でしょう。

◎命令する・行動する

会社内で重要な会計ルールが守られていない、マネージャーの中に倫理的に問題のある行動をしている人がいるといった深刻な状況では、間接的なアプローチはまったく役に立ちません。他にも、チームに明確な目標がないとき、物事がなかなか決まらないとき、経験の浅いメンバーがたくさんいるときなども、直接的なアプローチが役に立ちます。

とはいえ、直接的なアプローチを使いすぎると、相手は抵抗するかもしれません。なぜなら人は、むやみに命令されるのを好まないからです。誰かから「コントロールフリーク（何でも自分の思い通りにしないと気がすまない人）」と呼ばれたことがあるのなら、間接的なアプローチを磨く努力をしたほうがいいでしょう。皮肉なことに、何でも自分の思い通りにしたがる人ほど、そのグループの中でいちばん影響力のない人になりがちです。権力に飢えている人は、周りから距離を置かれるからです。

それでは、どうすれば影響力のある人になれるでしょうか？　それには5つの方法があります。

❶ 自分がしていることを自覚し、それに周りがどう反応しているかも正しく理解する
❷ どんな状況でも自分の目標を忘れない
❸ 他者の視点で物事を見ようとする意志を持つ
❹ 感情に流されず、自分の言動を意識的に選ぶ
❺ 自分の生まれつきの性格だけに頼らず、多種多様な影響力のスキルを備え、使いこなす

{実践}

1 セルフマネジメント能力を測定しよう

・次ページのチャートを参考に、自分のセルフマネジメント能力に点数をつけます。そして1点から4点の個数をそれぞれかぞえ、下の表に書き込んでください。

下の表の左側の数が多いほどセルフマネジメントのスキルが高く、右側の数が多いほどセルフマネジメントで多くの問題を抱えていることになります（もちろんこれは正しい自己評価が前提になります）。

・自分の行動、反応、発言が原因で困ったことになった事例を思い出しましょう。それらの事例にある一定のパターンはありますか？　同じ場面をもう一度やり直せるとしたら、どこを変えますか？　他者への影響をもっと自覚しなければと感じるのはどんなときですか？　変えなければならないと感じる自分の言動を具体的にあげてください。

POLITICAL SKILL

Figure
#023

	ほぼいつも	よくある	あまりない	ほぼない
自分の行動を第三者の視点から客観的に眺めることができる	4	3	2	1
他人が自分の態度をどう思っているかについて驚くことがよくある	1	2	3	4
考えずに行動する傾向がある	1	2	3	4
さまざまな状況で人々の反応を予測するのが得意だ	4	3	2	1
言わないほうがいいことは黙っていることができる	4	3	2	1
自分らしくいるために「自分にとって自然なことをする」のがいちばんだと信じている	1	2	3	4
ネガティブな結果になりそうな行動を自制することができる	4	3	2	1
自分の行動を後悔することが多い	1	2	3	4
相手の反応を考えずにものを言ってしまう	1	2	3	4
本当にやりたいことをがまんできない	1	2	3	4
他人の前では自分の行動と相手の反応を意識している	4	3	2	1
自分の「快適ゾーン」の外にある態度を身につけるために努力している	4	3	2	1
やめたほうがいいとわかっていてもやってしまうことが多い	1	2	3	4
他人がいるときの自分の発言や行動を意識的に選んでいる	4	3	2	1

セルフマネジメント・スキルが高い		セルフマネジメント・スキルが低い	
４点の総数	３点の総数	２点の総数	１点の総数

{実践}

2 改善すべき影響力のスキルを検討しよう

・この章で見てきた直接的な影響力のスキルと間接的な影響力のスキルの両方を思い出し、自分が「観察する・待つ」「尋ねる・聞く」「説得する・納得させる」「命令する・行動する」それぞれのスキルをどの程度の割合で使っているか考えましょう。

・直接的なスキル、間接的なスキルのどちらかを使いすぎる傾向はありますか？　改善が必要なのはどのカテゴリーですか？　今までとは違う影響力のスキルを使うと決め、そのための具体的な目標を立てましょう。その新しいスキルを使う必要があるのは、どんな状況、あるいはどんな人と一緒にいるときですか？　次に、その状況になったらどのように行動を変えるかを決めておきます。

・自分は誰に影響力を与えたいか考えましょう。この状況でのあなたの目標は何ですか？　あなたはその人にどんなことをしてもらいたいのですか？

・影響力を与えたい人の視点から世界を眺めてみます。その人の目標は何ですか？　その人が抱えている問題は？　その人はあなたのことをどう思っているでしょう？　2人が合意できない問題に関して、あなたはどう思い、相手はどう思っているか？　2人の視点のどこが違うのでしょう？

・あなた自身と、他の人たちが、過去にその人に影響力を与えようとしたときについて考えます。今回は新しい戦略を使ったほうがいいですか？　うまくいかなかった戦略は何ですか？　その人に対してもっとも効果のあったアプローチは何ですか？

第10章……「組織で自由に働く人」は全方位で力関係を掌握する

どんな組織であれ、人々の力関係は平等ではありません（第2章に登場した「組織の掟」を思い出してください）。公式のヒエラルキー構造を知りたいなら、組織図を見るだけで十分でしょう。そこからわかるのは、「上・下・横」という3つの基本的な力関係です。しかし、違いは単純ですが、この単純な違いから難しい問題が生まれる。なぜなら、普段は問題なく社会生活が送れている人でも、ある種の地位や権力とは折り合いが悪いことがあるからです。

自分が「下」の位置になることに耐えられず、ほとんど反射的に権威に対して反抗してしまう人。あるいは、上司とはうまくやれても、同僚とはうまくいかない人もいます。「上」に立つのが苦手という人は、上司として部下に接することができず、むしろ部下の親友のような存在になろうとしてしまう。

組織のリーダーになるとは、**これらの力関係を全方位で適切に管理する**ということでもあります。これは口で言うのは簡単ですが、実際に行うとなるとそうはいきません。

上・下・横360度に影響力を及ぼす

あなたの仕事の有効性が、あるグループから評価を受けるとしましょう。そのグループには、あなたの上司、同僚、そして（もしあなたが管理職であれば）部下が含まれます。それに加えて、あなたも自己評価を行います。次にあなたは、すべての評価をまとめたレポートを受け取ります。それを見れば、上司からの評価と同僚からの評価を比較することもできます。実際にこのようなレポートを作ったら、どんな内容になると思いますか？

この評価方法は「３６０度フィードバック」という名前で呼ばれ、多くの組織で活用されています。この評価を見れば、自分が職場でどう思われているのかがよくわかります。

私自身、長年にわたってこのようなレポートをかぞえ切れないほど見てきました。その結果、今ではレポートを見ただけで、その人の社内でのポジションがわかります。誰からも高評価を受けているのに、上司からの評価だけは低いという人もいれば、同僚からの評価だけが低い人、あるいは部下からの評価だけが低い人もいる。いずれのケースでも、評価の対象になった人は、ある１つの力関係では問題を抱えていますが、それ以外ではうまくやっています。

ここで、自分をふり返ってみましょう。もしあなたが３６０度フィードバックを受けたとしたら、「上・下・横」すべてのポジションにいる人からポジティブな評価をもらえるでしょうか？

・あなたの上司は、あなたのことを有能で、協力的で、一緒に働きやすいと評価するでしょうか？

・あなたの同僚は、あなたは自分と違う意見にも耳を傾ける、情報を共有する、積極的に他人の仕事を手伝うと評価するでしょうか？

・あなたの部下は、あなたは部下を支え、尊重し、部下の話をよく聞くと評価するでしょうか？部下から見たあなたは、リーダーとしていいお手本になっているでしょうか？

質問について考えながら少しでも不安になることがあったら、自分の力関係を検証してみる必要があるでしょう。

力関係の問題は、多くの場合、第7章でも登場した「親・大人・子どもの役割」から生まれています。職場での力関係はしばしば家庭でのそれを反映しているので、ある種の出来事や状況に遭遇すると、「大人」の役割を忘れ、身に染みついた「親」や「子ども」の反応がつい出てしまいます。

そうなると、せっかくのセルフマネジメント・スキルも消滅し、衝動的に行動してしまう。

その結果、他者に影響を与える力も自動的に消えてしまうのです。簡単に言うと、私たちはときどき本当にバカなことをする、ということです。

◎「上」に対する影響力

組織で上の立場の人を自動的に「親」だと思ってしまう人は、彼らの前では「子ども」のようにふるまいます。このタイプの人は、反抗期の子どものように言うことを聞かないか、あるいは親を恐れる子どものように何でも言いなりになってしまうために、「上」に対して適切な影響力を行使するのが苦手です。

前者のタイプは権威を嫌い、何にでも反抗します。魔の2歳児や、反抗期のティーンエイジャーと同じです。規則やルールが大嫌いで、新しい規則が決まるたびに異議を唱え、上司からの要求を無視したり、上司の意見に反対ばかりする人は、組織内で「上」に影響力を行使するチャンスを失ってしまうでしょう。

その対極にいるのが、人の顔色ばかりうかがい、何にでも同意する人です。何か行動するときは必ず事前に上司に確認し、上司の提案にはすべて従います（たとえ内心では違うと思っていても）。

しかし、ときにこうした態度は、上司から不興も買いやすい。「尋ねてばかりでなく、自分の頭で考えろ！」といった叱責を受けるかもしれません。このタイプの人が「上」に対して影響力を行使できないのは、絶対に「安全」だと確信できるときしか自分の意見を言わないからです。

◎「横」に対する影響力

同僚を相手に「子ども」の役割を演じてしまうと、問題が起こる原因になります。そのような態度の背景には、子ども時代のきょうだいや友だちとの関係があると考えられます。上の子に対抗し、いつも勝たないと気がすまない末っ子。ひとりで遊ぶのが好きな子ども。子どもの遊び場で威張り散らすいじめっ子。

競争心の強い人にとって、人生は常に闘いであり、目標は勝利です。同僚のニーズ、心配事、問題には、ほとんど関心を持っていません。自分にも目に見える利益がある場合をのぞいて、チームワークもコラボレーションも彼らにとってはまったく無意味です。

競争心の強い人の中には、ただ非協力的な人もいれば、自己宣伝がすぎて周りをイライラさせる人もいます。後者はすぐに見分けられるでしょう。いつも自分の知識をひけらかし、他人のプロジェクトに口を出しているからです。特に社内で目立つプロジェクトの場合、どうにかして自分も関わろうとします。

あるいは、ひとりで黙々と働くことを好む人もいます。一匹狼の彼らは、群れで狩りをすることを嫌います。人付き合いに特段の価値を見いだしていないので、彼らにとって働くことの喜びは、人間ではなく仕事そのものの中にあります。彼らの目から見ると、チームワークやコラボレーションは、より意義深い仕事の邪魔になる存在でしかありません。

しかし、チームでの仕事を避けて単独行動を好み、完全に時間の無駄だとしてスタッフミーティングをできるだけ避けているような人は、閑職に追いやられたり、人員削減の際にその対象になりかねません。組織の活動に参加していないために、いなくてもいい人と判断されるからです。ひとりの活動を楽しむのは悪いことではありませんが、あまりにも孤独を好むと、組織内での立場は危うくなるかもしれません。

職場のいじめっ子は、とにかく何でも自分の思い通りにしたがります。そのために他人を少しばかり踏みつけにするのも、彼らにとっては楽しみでしかありません。たとえば、ミーティングでいつも自説を強硬に主張し、他の案や意見を考慮することが一切ない人は、多くの組織に見られます。たとえいつも主張が通っていたとしても、それはただ単に周りがその人の攻撃的な態度にうんざりし、あきらめてしまうからです。その場合、問題がある意見であっても、少しでも批判的なことを言えば罵倒されると恐れて、誰も指摘しようとはしません。そのような状態では、失敗が重なるうちに自然と社内での評価が下がっていくばかりでしょう。

◎「下」に対する影響力

リーダーや上司の地位にある人なら、必ず「下」に対する影響力を備えていなければなりません。管理職は「大人」の仕事であり、そこで「親」や「子ども」のようにふるまってしまうと問題が起こります。

親のようなマネジメントには2つのタイプがあります。1つは「**支配的マネジメント**」、もう1つは「**過干渉マネジメント**」です。

支配的な上司は、自分の直接的な権威を行使しすぎる傾向があります。彼らは命令を出し、指示を与え、叱責する。部下はそれで言うことを聞くかもしれませんが、この小さな暴君を尊敬することはめったにありません。部下が何か気に入らないことをすると、すぐに「クビにするぞ！」と怒鳴るような上司に、ついてくる部下はいないでしょう。

過干渉の上司は、部下の仕事のあらゆる面に口を挟んできます。本人は、部下思いで協力的な上司のつもりなのですが、部下の目から見れば、これは過干渉であり、マイクロマネジメントです。部下たちが提出するレポートや提案書に丁寧に目を通し、出張のスケジュールも正確に把握している程度であれば、よい上司かもしれませんが、それが顧客とのメールや文書のやり取りをすべてコピーして提出するように言い、いつも営業に同行したがるレベルになると、間違いなく部下を疲弊させてしまいます。

「子ども」の役割を演じるマネージャーは、権威を持つことに居心地の悪さを覚えます。誰かから嫌われることを恐れ、すべての人と友だちになろうとする。暴君のような上司が好きな人はいませんが、あまりに弱腰な上司も問題です。友だちのようにベタベタしてくる上司が部下から尊敬されることはめったにありません。

このタイプの人は、人事評価のフィードバックを受けて、「好かれていると思っていたのに……」と、初めて部下からの評価が低いことに気づくケースが多いのですが、ここでは「好かれている」かどうかは重要ではありません。部下たちが求めているのは、強いリーダーシップです。進むべき道を示し、フィードバックを与え、問題を解決してもらいたいと考えている。皮肉なことに、それらは偉そうにふるまったら嫌われてしまうと心配して、むしろ避けてしまいがちな行動です。しかし、**上司にとって大切なのは、部下に好かれることではなく、部下に尊敬されること**です。

ここまでに登場したタイプの中に、自分と似た人がいるかもしれません。あるいは、影響力のスキルをもっと磨きたいと思った人もいるでしょう。次からは、そんな人たちのために、影響力の具体的な戦略を紹介していきます。もうおわかりかもしれませんが、**常に「大人」としてふるまうことが、力関係を管理する基本中の基本**になります。

「上司」をマネジメントするテクニック

ここは正直になりましょう――もしあなたに上司を選ぶ権利があったら、おそらく今とは違う上司を選んでいたはずです。しかし現実の世界では、たまたま自分の上司になった人の下で働かなくてはなりません。どんなに無能な上司でも、上司であるかぎり、あなたの人生をとことんまで悲惨なものにする力を持っています。

逆に言えば、「上」に向かって効果的に影響力を行使するスキルがあれば、あなたの日々の生活もより快適になるということです。上司を管理し、組織の荒波を賢く泳ぐための戦略を見ていきましょう。

❶ 上司にはあなたの行動を決める権限があるという事実を受け入れる

上司よりもあなたのほうがはるかに優秀でも、むしろあなたのほうが上司になるべきであっても、果てには上司がこの地球上で最悪の暴君であっても、この事実に変わりはありません。当面はこの上司の下で働くしかないのですから、抵抗しても、すでに悪い状況がさらに悪くなるだけです。現実を受け入れ、自分の影響力を磨いていい結果を出すことに集中しましょう。

❷ 完璧を期待しない

上司も人間です。アンドロイドではありません。人間なのだから、さまざまな変な性質や習慣があって当然です。上司の怒りのスイッチを把握し、それを押さないこと！　上司をわざと怒らせるような人は「マゾヒスト」です。自分は上司に恵まれたという人は、その好運に感謝しましょう！　その上司の下で働いているかぎり、感謝の気持ちを忘れてはいけません。残念ながら上司に恵まれなかったという人は、上司への期待値を下げましょう。

❸ 上司のマネジメントスタイルを研究し、上司を喜ばせる方法を見つける

上司の言動を観察し、上司が好む仕事のやり方や情報の受け取り方を探る。上司に何を期待されているのかよくわからないという場合は、それが結果でも、仕事のやり方でも、コミュニケーションのスタイルでも、自分で勝手に判断してはいけません――ちゃんと上司に尋ねること！　それも、今すぐにです。常識的な上司であれば、そういった質問には喜んで答えてくれるでしょう。実際、あなたがそうやって気にかけてくれたことを喜び、感謝するはずです。

❹ 上司の顔を立てる

質の高い結果を出す、期日を守る、予算を守る、返事は早くする。解決が必要な問題を見つけ、対処する。新しいアイデアや提案を出す。有益な情報を上司と共有する。これで上司も、あなたのすばらしさを社内で宣伝してくれるでしょう。その結果、あなたの組織内での立ち位置も向上するのです！

❺ 上司の愚痴や悪口は何があっても絶対に言わない

特に、他の部署の人や自分の部下を相手に言うのは厳禁です。信頼できる同僚を相手に、難しいボスの取り扱いについて戦略を立てるのなら話は別ですが（これはむしろグループセラピーのようなものです）、上司への不満を大声でまき散らすのは、あなたが困った状況に陥るだけです。

❻ ときには上司を心から褒める

上司は部下からの苦情ばかり聞いています。それに対して、上司に優しい言葉をかける部下はほとんどいません。あなたの上司が最悪の独裁者でもないかぎり、いいところの1つや2つは必ず見つかるでしょう。適切なタイミングで、そのいいところを上司に伝えてください。ここで留意しておきたいのは、心からの褒め言葉は、お世辞やおべっかとは違うということです。

❼ 「あなたの雇用を守るのは上司ではなく、上司の上司だ」という教えを忘れない

上司より上の人たちと知り合うチャンスを逃さないように。上層部の人があなたの存在を知り、あなたのことをよく思っていれば、組織内での力も高まり、雇用も安泰《あんたい》です。

新しい上司との間で問題が起こるのは特に危険です。以前の上司のスタイルに慣れすぎてしまった人は、新しい上司のスタイルに合わせるのに苦労し、怒りに身を任せて自滅への道を歩んでしまう。上層部が新しい上司を任命したのであれば、世界は変わったのだと認識し、それに合わせて自分も変わるしかありません。巨大なレバレッジを持っていないかぎり、新しい上司を上司の座から追い落とす力はあなたにはありません。敵意や抵抗を見せたりしたら、ただあなたが「扱いにくい部下」というレッテルを貼られるだけです。

新しい役職で敵対的な部下を持ってしまったあるエグゼクティブは、「彼らが変わるか、われわれが彼らを変えるかのどちらかだ」と言っていました。この状況を見事にまとめた言葉です。以前の上司が理想の上司だったとしても、もう過去の話です。今、必要なのは、新しい上司とうまくやっていく方法を見つけること。あなたがこの人事を喜んでいるかどうかということは関係ありません。

あなたから心を開けば、新しい上司から学べることも見つかるはずです。私自身も、キャリ

アでもっとも貴重な教えを学んだのは、悪夢のようなCEOの下で働いていたときのことでした。

取り扱いが難しいエグゼクティブと一緒に働く方法

上司の管理も大切ですが、上司より上のエグゼクティブたちと一緒に働くのは、それとはまったく違う体験です。彼らは巨大な力があるので、自分のやりたいことをやり、言いたいことを言うのが当然だと考えています。そのため、彼らは特殊な存在であり、扱いには注意が必要です。マネージャーの中にも自称「エグゼクティブ」はたくさんいますが、本当の意味でエグゼクティブの力を持っている人はごくわずかです。

エグゼクティブと関わることになったのなら、次にあげるガイドラインが正気を保つ助けになるでしょう――そしておそらく、仕事を保つ助けにもなるはずです。

❶ エグゼクティブに何かを禁止してはいけない

エグゼクティブにとっていちばん腹が立つのは、「あなたにこれはできない」と言われることです。その理由は、彼らはやりたければ何でもできるからです。そんな彼らに向かって何かを禁止したら、間違いなく口論になりますし、負けるのはあなたです。

ある特定のエグゼクティブが愚かなことをしようとしていて、どうしても止めたいなら、伝える言葉の表現を変えるという方法があります。「もちろんそれは可能ですが、1つ質問してもいいでしょうか?」などと言ったうえで、自分が心配していることを質問の形で伝えましょう。そうやって彼らの力を認めてあげるだけで、彼らは冷静に考えられるようになります。

❷ 速く話す

エグゼクティブは多忙な人たちで、スケジュールはいつも一杯です。それにとても賢い人たちでもあるので、最小限の説明で情報を理解することができます。まずはもっとも大切な内容から始めて、なるべく早口で話します。それでも、文を3つほど言ったところで、質問攻めにされるのを覚悟しておいたほうがいいでしょう。エグゼクティブは他人の独演会を聞くのを好みません。会話は自分でコントロールしたいのです。そして自分が必要な情報を手に入れたら、すぐに次の約束に向かっていきます。

❸ 具体的な指示を期待しない

エグゼクティブの脳は、多くの場合、ある1つの大きな問題から次の問題へと素早く動いていきます。そのため、彼らの指示は具体性を欠くことが多いでしょう。より具体的な指示を出すよう要求されると、彼らはイライラし、あなたの頭が悪いから理解できないのだという結論にいたります。

エグゼクティブと一緒にうまく働くには、ある程度まで彼らの心を読む能力が必要になります。それに加えて、エグゼクティブのアシスタントと仲良くなることも忘れてはいけません。彼らはすでに、エグゼクティブの心を読む術を身につけています。定期的にエグゼクティブと一緒に仕事をすることになったら、彼らのアシスタントほど頼りになる存在はありません。

❹ 実現する

エグゼクティブからあいまいでも指示が出たら、彼らにとってその件はそこで終わりです。そこから先は指示を受けたあなたの仕事であり、彼らの頭はもう次の問題のことを考えています。彼らが再び関心を持つのは、その件で何か問題が発生したときだけです。具体的な指示や情報を求めて彼らのところに戻ってはいけません。自分で考えてもわからなかったら、コネを活用したり、アシスタントを訪ねたりすればいいのです。

❺ 細部に気を配る

あいまいな指示を受け、具体的な内容を確認することが許されないとしても、あなたはあらゆる点から見て完璧な結果を出すことが求められています。エグゼクティブは自分で細部に気を配るのが嫌いですが、その一方ですべてが完璧であることを望んでいます。予期せぬ障害もすべてクリアするのは当然のことであり、不完全な仕事は絶対に許容しません。そもそも彼ら自身も、そうやってすべてを完璧にこなしてきたからこそ、今の地位まで上り詰めることができたのでしょう。

❻ どんなにきついことを言われても個人的に受け取らない

エグゼクティブは誰に対しても言いたいことを言えます。組織内に彼らを止められる人などいません。もちろん、それが常に正しいわけではありませんが、これもまた組織の掟の1つだと受け入れてください。怒鳴ること、罵倒することが当たり前になっているエグゼクティブと一緒に働くことになってしまったら、これは自分に向けられた言葉ではないということを覚えておきましょう。あなたはただ、マナーの悪い偉い人の下で働くことになってしまっただけです。

もちろん、彼らの仕打ちが耐えられないレベルになったら、自分を守るために立ち上がるのはあなたの権利です――ただしそのときは、仕事を失うリスクもあることは覚悟しておきましょう。そして、自分が力を行使できる立場になったときは、この幼稚な態度を真似ないように注意してください。「大人」になるように努力しましょう。

❼ エゴを忘れる

エグゼクティブは、優秀だからこそ今の地位にいるのです。彼らは高額の給料をもらい、高級車を与えられ、自分にかしずく部下を持つことができる。たとえ彼らが失敗しても、それを指摘できる人などほとんどいません。そのため、たいていのエグゼクティブは巨大なエゴの持ち主です。あなたのエゴの問題など一顧だにされないでしょう。

❽ 自信を手放さない

エゴは忘れるべきですが、自信を手放してはいけません。エグゼクティブは弱い人間が嫌いです。だから、あなたは彼らの権威は尊重しながらも、自信をみなぎらせる技術を身につけなければなりません。彼らの前であまりにもへりくだっていると、彼らの信頼を失い、能力のない人間と見なされてしまいます。

❾ ユーモアのセンスを忘れない

絶対に必要になります。

エグゼクティブと直接関わるような仕事をするのはたしかに大変ですが、組織スキルのある人なら誰でも知っているように、エグゼクティブに存在を知られるというのは、自分の組織内での影響力を高めるまたとないチャンスでもあります。また、たいていのエグゼクティブはとても優秀なので、最高のロールモデルにもなってくれるでしょう。彼らのクセの強さには目をつむり、できるだけたくさんのことを学んでください。ストレスは大きいかもしれませんが、巨大な力を持つ人の近くで働くのは、とても興味深い体験であることに間違いはありません。

同僚との付き合いでは「内部の顧客」を意識する

同僚は重要な仲間になりうる存在です。彼らを幸せにするのはごくごく簡単で、あなたはただ感じのいい人、協力的な人、反応のいい人になることを意識すればいいだけです。

同僚は、あなたに給料を払う存在でもなければ、人事査定をする存在でもありません。そのため職場では軽視されがちですが、実利的に考えれば、同僚への投資は、情報へのアクセス、人脈、プロジェクトの手伝いといった直接的なリターンが期待できます。しかも将来的には、同僚があなたの上司になっているかもしれません——これは実際によくあることです。

❶ 同僚の助けになれるチャンスを見逃さない

役に立つ情報をシェアする、上司の前で同僚を褒める、同僚が困っていたら手を貸す。あなたが強く、自立したタイプであっても、たまには同僚の助けを受け入れるようにしましょう。人は誰かの役に立つのが好きなものです。

❷ 電話に折り返す、メールの返事を書く、期日を守る、約束を守る

簡単に言うと、あてにできる人になれ、ということです。どれもささいなことですが、それさえもできずに周りをイライラさせる人があまりにも多すぎます。だから、すぐに反応し、約束を守るだけで、周りから高く評価されることになるのです。

❸ 同僚にセラピストの役割を期待しない

離婚の修羅場や胆のう手術のトラウマ体験について、詳しい話を聞きたい人はほとんどいません。同僚が話を聞いてくれるのは、終わるまでがまんすればいいと思っているからです。いつまでもその話をしていると、同僚はやがてあなたを避けるようになり、周りの人にもあなたのことを警戒するように言うでしょう。

❹ あからさまな自己宣伝は避ける。同僚を貶めることになるなら特に言ってはいけない

自分の功績について適切に言及するならかまわないのですが、それが鼻持ちならない自慢にならないように注意しなければなりません。日常的に自分の知識をひけらかしたり、同僚の上に立とうとしたりする傾向があるなら、すでに周りからは「自慢ばかりする人」と思われているでしょう。他者との境界線を尊重する意識がなく、他人のプロジェクトに首を突っ込むことが多いなら、周りからは危険人物と認定されているでしょうし、実際あなたは危険人物です。

❺ 常に礼儀正しく、機嫌よく（たとえそうでない人を相手にするときも）

職場で人にイヤな思いをさせて、自分が得をすることは何ひとつありません。反対に、気持ちのいい人でいれば得をすることばかりです。たとえ何かに反対するときでも、礼儀を忘れてはいけません。

❻ 懸念があるなら当事者と話し合う

当事者に面と向かって言うよりも、陰で愚痴を言うほうがよっぽど簡単で楽しい。だからこそ、「ゴシップ」という病気がここまで蔓延《まんえん》しているのでしょう。チームワークに関する調査によると、ほぼすべてのチームが、問題を本人に直接話すメンバーに低い点数をつけています。

とはいえ、陰でコソコソ言うのは臆病者《おくびょうもの》の逃げです。あなたが、誰かとの間に何らかの問題を抱えているのなら、勇気を振り絞って本人と直接話せるようになってください。

❼ 問題があるとき、合意できないときは、大人の態度で話し合う

侮辱や叱責は、高圧的な「親」の態度です。泣き落としやふくれっ面は、甘えた「子ども」の態度です。ここでの「大人」の行動は、問題について冷静に話し合い、共通の目標を見つけ、可能な解決策を探り、具体的な行動について合意することです。

❽ 無礼な態度、攻撃的な態度、侮辱に対して、自分も同じ態度で応じない

同じ態度でやり返しても、自分が相手のレベルまで落ちるだけです。あなたが大人の態度を崩さなければ、相手もいずれ落ち着くでしょうし、自分のほうが愚かだと感じるかもしれません。その時点で内心「勝った」と思っても、口には出さずに心の中だけにとどめておきましょう。

同僚との付き合い方を考えるときは、**「内部の顧客」と呼ばれる存在に特別な注意を払わなければなりません**。内部の顧客とは、あなたが生み出す結果から直接的な影響を受ける人たちのことです。あなたの存在は、内部の顧客たちにとってとても大きな意味を持ちます。なぜな

ら、あなたがヘタな仕事をしたら、彼らの仕事の質も下がるからです。

たとえば、採用担当者にとって、マネージャー志望者は内部の顧客です。マーケティング担当者にとって、自分たちがつくった広告資材を利用するセールス担当者は内部の顧客です。社内のコンピューターシステムを管理するIT担当者にとっては、社内のほぼ全員が内部の顧客です。

内部の顧客たちは、あなたの仕事に頼っています。そのため彼らは、貴重な仲間になりうる存在であり、同時に最悪の敵になりうる存在でもある。内部の顧客を味方に引き入れるには、彼らと定期的に連絡を取り、フィードバックを求めるといいでしょう。自分のサービスを向上させる方法を尋ね、相手の要求が妥当であればそれを実行する。

内部の顧客にいい仕事を届ければ、彼らはあなたを褒めそやし、あなたの評判はうなぎのぼりです。

好かれるリーダーよりも、部下を引っ張るリーダー

あなたがマネージャーになるかどうかを決めるのは会社ですが、あなたがリーダーにふさわしいかどうかを決めるのは部下たちです。それなのに悲しいことに、真のリーダーシップと肩書きは無関係だということに気づいているマネージャーはほとんどいません。「下への影響力」

で成功したいのであれば、次の定義を忘れないようにしましょう。

リーダーとは、人々がついていこうと決めた人物だ

ここで大切なのは「ついていく」ということ。決して「従う」ではありません。地位の力があれば命令に従わせることはできるでしょうが、「このリーダーのために一肌脱ごう」と人々に思わせるのはあなたの人格です。リーダーシップの戦略については、具体的なアドバイスが書かれた本がたくさん出ていますが、ここでは一般的なアドバイスをいくつか紹介しましょう。

❶ 自分はマネージャーであり、王様ではないと理解する

立派な肩書き、プライベートルーム、大きなデスク、会社が用意した高級車など、いわゆる「力の象徴」に夢中になっている人は、今すぐ正気にかえってください。それは悪性の「エグゼクティブ病」です。

エグゼクティブ病にかかったマネージャーは、誰かから地位を与えられたという理由だけで、下々の者たちは自分に従うべきだと信じています。エグゼクティブ病にかかっている人は、マネージャーになるべきではありません。

この病気で私がいちばんおもしろいと思う症状は、「言うことを聞かない」という表現を使うこと。マネージャーから「彼女は言うことを聞かない！」というようなセリフを聞くと、そのマネージャーはリーダーシップよりも地位を重視しているのだとわかります。リーダーであれば、「彼女は何かに不満があるようだ」、あるいは「彼女は規程に従っていない。何か理由があるはずだから、今度彼女と話してみよう」などと言うはずです。

❷ 好かれることではなく、尊敬されることを目指す

リーダーシップは人気コンテストではありません。成功するリーダーは、お友だちをつくることではなく、尊敬を集めることを目指します。部下から尊敬され、好かれてもいるのであれば、それはすばらしいことです。とはいえ、部下の意見を気にしすぎていると、難しい決断を下さなければならないときに、困ったことになるでしょう。

影響力を行使するには、厳しいことも言えるマネージャーにならなければなりません。自分は好かれたいという気持ちが強すぎるという自覚があるのなら、仕事以外で自分を好いてくれる友だちをつくりましょう。それでもこの問題を克服できないという人は、そもそも自分は本当にマネージャーになりたいのかを考えてください。すべての人が管理職になりたいわけではありません。

❸ 部下のパフォーマンスを効果的に管理する方法を学ぶ

どんなレベルのマネージャーも、部下の士気を高める能力、明確な目標を定める能力、役に立つフィードバックを与える能力、いい仕事を評価する能力、変化を実行する能力、パフォーマンスの問題を指摘して改善する能力が求められます。それに加えて、適切な人材を雇う能力と、自分のチームでは力を発揮できない人に去ってもらう能力も必要です。

しかし残念ながら、たとえマネージャーとして長年の経験がある人でも、これらの能力をすべて発揮できるわけではありません。人が昇進するのは、たいていの場合、それ以前にしていた仕事でいい結果を出したからです。管理職はまったく別の仕事なので、また新しく学ばなければなりません。

❹ 他人を巻き込む力を身につける

正しいときに、正しいやり方で、部下を意思決定に参加させる。なぜなら、現場の仕事については、あなたよりも彼らのほうがよく知っているからです。あなたがいいリーダーであれば、彼らも喜んで自分の知識を共有しようとするでしょう。影響力のあるマネージャーは、部下に大局観を持たせること、それぞれの狭い職務を越えた出来事について学ばせることの価値を心得ています。

❺ 部下が「最高の自分」になるのを助ける

自信のないマネージャーは、自分が優秀な部下の陰に隠れてしまうことを恐れます。一方で真のリーダーは、優秀な部下をできるだけたくさん集めることを目指し、彼らの卓越した仕事が自分の高評価にもつながることを理解しています。部下の中には、現在の仕事でさらにスキルを磨きたいという人もいれば、将来的にもっと大きな仕事や難しい仕事をしたいと考えている人もいるでしょう。部下の目標を知り、その目標を達成する手助けをすれば、それは必ずあなた自身の利益にもつながります。

成功するマネージャーは、自分の力を恐れず、力を賢く使うことができます。他者を威圧することに喜びを覚える、あるいは逆に自分の力を行使するのが怖いというマネージャーは、決して真のリーダーにはなれません。ほとんどの人は、そのどちらかの性質に傾いています。自分のリーダーシップの弱点を知り、その弱点の埋め合わせをしなければなりません。それが、効果的なマネージャーになる唯一の道です。

{実践}

1 「苦手とする力関係」を認識しよう

・次ページの表は、上・下・横それぞれの力関係と、そこで起こりがちな問題をリストにしたものです。自分にあてはまるものにチェックを入れてください。あてはまると感じる項目があるなら、おそらく周りの人もあなたをそう見ているでしょう。ここにあげた傾向や考え方、行動は、すべて力関係の問題につながります。

・上司との関係、同僚との関係、部下との関係で自分が変えることを考え、具体的な目標を決めます。それぞれの地位にいる人たちにフィードバックを求めてもいいかもしれません——ただし、そこで相手に反論したり、言い訳がましくなったりしないこと！

POLITICAL SKILL

Figure
#024

上との関係で起こる問題

- [ ] よく上司との間で権力闘争や主導権争いになる
- [ ] 上司に私の行動を決める権限があるのががまんできない
- [ ] 上司に言われたことや、期待されていることを、わざとやらないことがときどきある
- [ ] 上司と一緒にいるとなんとなく不安を感じることがよくある
- [ ] 上司に反対意見を言うのにとても躊躇する
- [ ] アイデアや意見は自分の胸の内だけにとどめ、上司と共有することはめったにない

横との関係で起こる問題

- [ ] 同僚に対して強い競争心があり、つねに少しでも自分のほうが上でないと気がすまない
- [ ] 同僚との合同プロジェクトや共同作業を避ける傾向があり、ひとりで働くほうが好きだ
- [ ] 同僚と口論になることがよくある
- [ ] 同僚と情報の共有はめったにしない
- [ ] ミーティングに遅れたり、期日を守れなかったりすることがよくあり、同僚に迷惑をかけている
- [ ] 自分の個人的な問題について同僚に詳しく話すことがよくある

下との関係で起こる問題

- [ ] 部下は上司の命令に従うべきであり、疑問を挟むことは許されないと信じている
- [ ] マネージャーにとってもっとも大切な仕事の1つは、部下の間違いや失敗を見つけて指摘することだと信じている
- [ ] 部下の仕事に口を出し、結局は自分がやってしまうことがときどきある
- [ ] 部下が私を人間として好きになるのは大切なことだと思う
- [ ] 自分の意思決定や行動に部下が不満を持っているようだと感じると、とても不安になる
- [ ] 部下のニーズや問題のために使う時間が多すぎることにしばしば不満を感じている

第11章 組織で自由に働くために必須のゲームプラン

自分の仕事について考えるとき、あなたは気持ちがワクワクしますか？　それとも気持ちが暗く沈みますか？　明るい未来を思い描くことができますか？　それともあなたの前に広がるのは退屈で何もない荒野でしょうか？　自分の運命を自分でコントロールしていますか？　それとも周りの人に振り回されているだけですか？

ほとんどの人にとって、仕事は起きている時間の50パーセントを占めています。ずっと不幸な気持ちですごすには長すぎる時間です。

組織内で賢く行動し、仕事の時間を気持ちよくすごすためには、ゲームプランを定期的にアップデートしなければなりません。あなたの状況にもよりますが、ゲームプランには次のような効能があります。

・意図しない自滅行為を避ける
・具体的なキャリアの目標を決め、それを達成する手助けになる
・どうでもいいことに貴重な時間とエネルギーを無駄づかいせずにすむ
・難しい人ともうまく付き合うための戦略になる
・レバレッジを増大し、組織で役に立つ資本を蓄えることができる
・ストレスを軽減し、職場での時間がもっと楽しくなる

組織内での立ち位置を正確に知る

次ページの図は、自分の組織内での立ち位置を知るための基本的な質問をまとめたものです。質問に答え、差し迫った問題があることがわかった人は、矢印に従って進めば自分に合った戦略がわかるようになっています。それぞれの戦略については、後で詳しい説明があります。特に問題はないという人は、次の質問へと進み、そのまま「成功者」への道を歩んでいってください。

Figure
#025

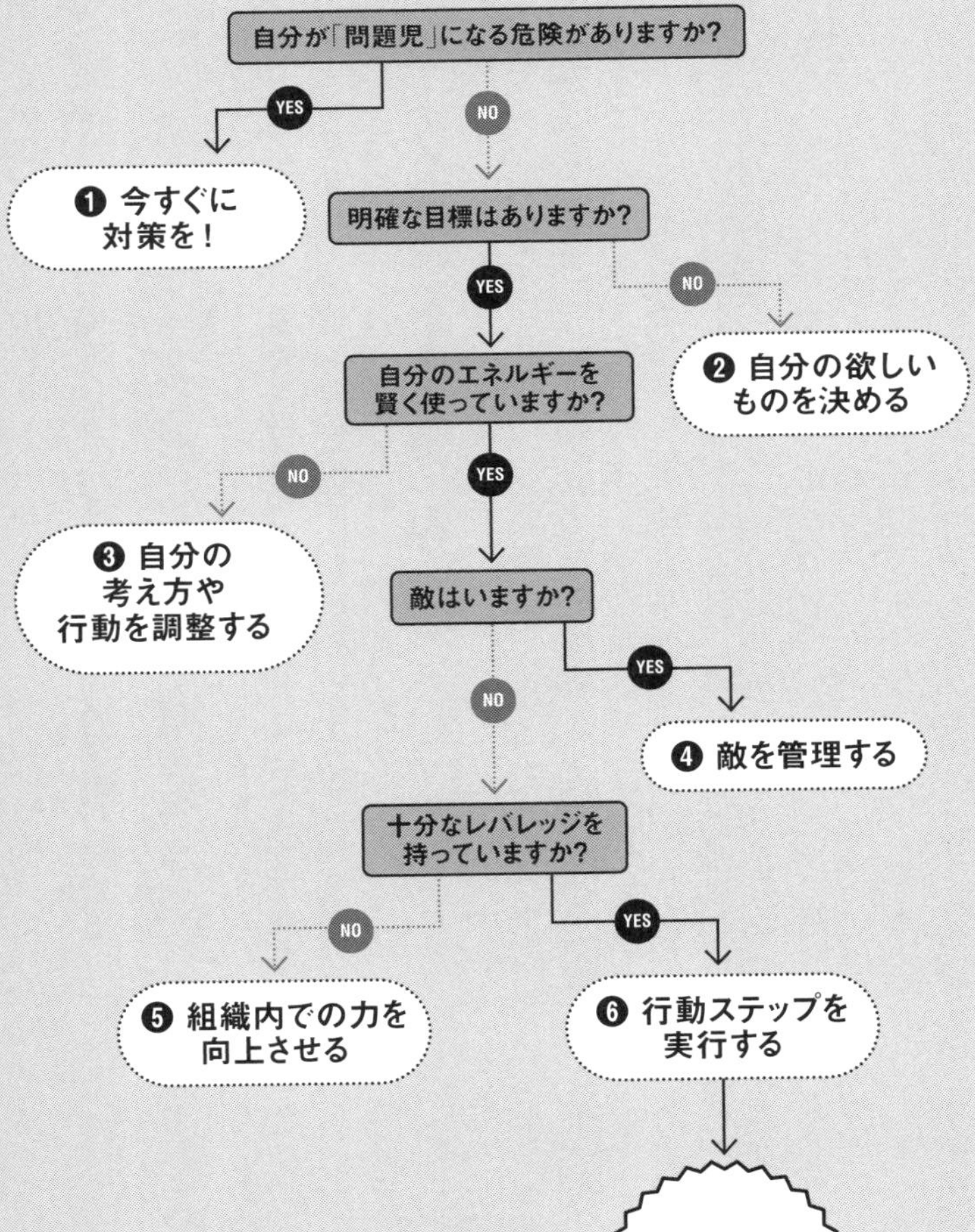
自分が「問題児」になる危険がありますか?
YES
NO
❶ 今すぐに対策を!
明確な目標はありますか?
YES
NO
❷ 自分の欲しいものを決める
自分のエネルギーを賢く使っていますか?
NO
YES
❸ 自分の考え方や行動を調整する
敵はいますか?
YES
NO
❹ 敵を管理する
十分なレバレッジを持っていますか?
NO
YES
❺ 組織内での力を向上させる
❻ 行動ステップを実行する
あなたは成功者です!

戦略1：自分が「問題児」になる危険があるなら、今すぐに対策を取らなければならない

自分が周りから「問題児」と思われているかもしれないという疑いがほんの少しでもあるのなら、その気持ちを無視してはいけません。直接苦情を言われたわけではなくても、直感的に何かを感じ取っているのかもしれないからです。この差し迫った問題を解決しないことには、長期的な目標のことを考えても無意味です。

一般的に、「問題児」認定される人は次の3つのうちのどれかにあてはまります。

❶ 職場にいらぬ騒動を起こし、そこで働くほぼすべての人を不幸にする「愚か者」。同僚も上司も、無能で、非協力的で、面倒な人ばかりだと本気で信じているのなら、あなたはおそらく「愚か者」に分類されるでしょう。

❷ 有害な職場の犠牲者になっている人。真の意味で有害な職場であれば、まともな人のほうがむしろ「問題児」と見なされます。常軌を逸した職場の基準に従わないからです。自分がそうだと思うなら、できるだけ早くまともな職場に移ってください。

❸ 歓迎できない変化や難しい状況への対応を間違っている人。自分がそうだと思うなら、今すぐに態度を変えなければなりません。とはいえ、違う自分になるのは簡単ではないでしょう。すでに「問題児」のレッテルを貼られるレベルにまで状態が悪化しているなら、かなり難しいセルフマネジメントを行っていかなければなりません。ここでもう1つの選択肢があるとしたら、それは自分の才能をもっと違う場所で生かすことです。

「問題児」の汚名を返上し、自分のキャリアを守るには、自分の感情と行動の両方を変えなければなりません。そのための第一歩は、「こんなことは納得できない」という心の壁を越えることですが、これはかなり難しいかもしれません。

ここで1つはっきりさせておきましょう。あなたが公平に扱われてきたかどうかということは、ここではまったく関係ありません。あなた自身が考える「不当な扱い」にどうしても納得できないというのなら、その会社を去るしかないでしょう。そこにずっといても、胃潰瘍《いかいよう》になるのがオチです。

もし会社に残ると決めたのなら、「問題児」にならないために、すべての怒りや恨みを忘れなければなりません。過去にこだわるのをやめ、未来に目を向けましょう。自分が受けた不当な扱いを事細かに頭の中で再生し、怒りがふつふつとわき上がってきていることに気づいたら、その思考をストップしてもっと穏やかなことを考えるようにします。

それに加えて、職場の人を相手にした不平不満や愚痴も、今すぐやめなければなりません。どうしても黙っていられなくなったら、配偶者や友人、あるいはセラピストを相手に吐き出してください。そのとき、自分の目標はこの感情を忘れることだと伝えます。そうでないと、相手はあなたに同情し、あなたはますます不当な扱いに対して腹が立ってくるでしょう。

感情をコントロールできるようになったら、次のステップは修復プランを立てることです。この時点で、周りはあなたをネガティブな目で見ています。それが不当なことかどうかは関係ありません。とにかくあなたは、自分のイメージを変えなければならない。彼らと直接話してもいいでしょうし、ただ単に態度を変えて、周りが「新しいあなた」に気づくのを待つという方法もあります。

しかし、このようなイメージ回復プランを実行したからといって、周りがすぐに見る目を変えてくれることを期待してはいけません。態度の変化と、周りの見る目の変化の間には、常にタイムラグが存在します。だから、すぐに結果が出ないからといって、がっかりすることはありません。十分な証拠が積み上がって、人は初めて考えを変えることができるのです。ネガティブなイメージが根強いほど、それを覆すのに必要な証拠も多くなります。それでも最後には、危険領域を脱出し、もっと楽しい目標に集中できるようになるでしょう。

戦略2：目標がはっきりしていないなら、まず本当に欲しいものを決めなければならない

明確な目標もなくゲームプランを立てようとするのは、目的地を決める前に地図を見るようなものです。行きたい場所も決まっていないのにルートを考えても意味がありません。起業を目指しているときに、昇進を勝ち取るための戦略を学んでもしかたないでしょう。自分のキャリアの目標を知るために、まず次の基本的な質問に答えてください。

◎今と同じような仕事を続けたいと思いますか？

もしそうでないなら、どんな変化に魅力を感じますか？　どんな仕事にも就けるとしたら、あなたは何を目指しますか？　今の職業にいたった道をふり返ってもいいかもしれません。ただ最初に採用されたからという理由ですか？　親、配偶者、友人からのプレッシャーに負けたのですか？　あるいは、自分の関心に基づいて意識的に選んだ仕事ですか？　自分のキャリアの決断が賢い決断だったのか考えてください。

◎今の会社にとどまりたいと思いますか？

会社の文化は、自分の性格、ライフスタイル、好みに合っていますか？ 上司や経営陣を尊敬できますか？ 今の会社でキャリアの明るい未来が見えますか？ 過去に働いた会社と比べるとどうでしょう？ 今から5年後も今の会社で働いていたいと思いますか？

◎今とまったく同じ仕事にとどまりたいと思いますか？

今の仕事が好きですか？ 仕事にやりがいはありますか？ 今の同僚と一緒に働くのは楽しいですか？ 上司はどうですか？ 昇進に興味はありますか？ 他部署への異動についてはどうですか？ 今の仕事をあとどれくらい楽しくやれるか考えてみてください。

職業、会社、仕事を変えることに少しでも興味があるのなら、それがキャリアの目標を決めるいいヒントになるかもしれません。

私たちの中には、「目標」について語ることを怖がる人もいます。あなたがその1人なら、「目標」という大それたものではなく、まずは自分が変えたいものについて考えてみましょう。あなたにとっての理想の世界では、今と何が違うでしょうか？

ここでアイデアを出す手段として、たとえば未来の絵を描いてみるという方法があります。

今から数年後に理想の人生を実現した自分を想像してみましょう。絵が苦手な人なら、ただ頭の中で想像して、思い浮かんだことをリストにするだけでもかまいません。その中から仕事に関連するものを選び、目標を考えてみましょう。昇進する、外国で働く、新しいスキルを学ぶ、人間関係を向上させる、学位を取る、家族との時間を増やす――未来の絵の中から目標が見えてくるかもしれません。

戦略3：エネルギーを賢く使っていないなら、思考か行動を修正する必要がある

毎日、すべての瞬間で、あなたは精神と肉体のエネルギーを消費しています。もし目標があるなら、そのエネルギーの多くを目標達成のために使わなければなりません。目標があれば、自動的にエネルギーの使い方のよし悪しを判断できるようになります。「今のエネルギーの使い方は、理想の未来を実現する助けになっているか？」という問いが、判断の基準になるでしょう。

ときには、その答えが簡単に出ることもありますが、2つの重要な目標がぶつかる場合、答えはそれほど簡単ではありません。

トニーはある大企業で現場責任者を務めています。彼の目標は、出世の階段をもっと上までのぼることです。また彼は、3歳になる息子をとても大切に思っています。出世のために仕事をがんばるなら、土曜日も出勤しなければなりません。キャリアの目標と子育ての間で板挟みになったトニーは、どうやってエネルギー配分の問題を解決すればいいでしょうか？　これは難しい問題です。おそらくトニーは、今後もしばらくの間は、キャリアと子育ての両立で難しいバランスを取っていかなくてはならないでしょう。

内的、あるいは外的な妨害によって、やむをえず脇道に逸れてしまうこともあります（そのような妨害は、あなたのエネルギーを吸いとるヒルのような存在です）。今から2日間、自分の行動を観察してみましょう。次にあげるような「ヒル」に、目標を妨害されていないでしょうか？

◎集中しづらい

必要性や理由も特にないのに、ある作業から別の作業へとやることがコロコロ変わっていますか？　誰かが自分のオフィスに入ってくるだけで集中力が簡単に途切れますか？　やりたいことや信じることが毎週のようにコロコロ変わりますか？　マルチタスクは役に立つ能力ですが、集中力があまりにも細切れになるのも考えものです。その状態で達成できることはほとんどないでしょう。集中力が持続しないという自覚があるなら、セルフマネジメントを身につけることを最優先課題にしてください。

◎ネガティブな感情

過ぎたことをいつまでもくよくよ考えてしまう人もいます。過去の出来事を何度も頭の中で再生し、そのたびに当時の感情を思い出すのです。しょっちゅうネガティブな言葉を自分にかけている人もいます。周りの人間はみんな無能でバカでずるいというわけです。

特に憐れな人になると、「かわいそうな私」のシナリオを常に頭の中でくり返しています。自分は何をやってもうまくいかない、いつも失敗ばかりだ、などなど。シナリオの具体的な中身はどうであれ、ネガティブな感情はあなたからエネルギーを奪います。その結果、より生産的な活動のために使うエネルギーが足りなくなってしまいます。自分にはこの問題があると自覚しているなら、自分の「内なる声」に注意しなければなりません。

◎好きな作業しかやらない

どんな人でも、好きな作業と嫌いな作業があります。でも、好きなことだけをして、しなければならないことを後回しにしているのなら、いずれ必ず何らかの問題が起こってしまいます。

公共料金を払うのを後回しにしていたら、電気やガス、水道を止められてしまうのと同じです。ときには楽しいことをしたい気持ちをがまんして、嫌いだけど必要な作業を行わなければなりません。

◎「毒」になる人々

同僚の中には、あなたの人生に何のプラスも与えず、むしろマイナスにしかならない人もいます。同僚であるかぎり一緒に働かなければなりませんが、一緒にランチを食べたり、終わりのない愚痴を聞いたり、彼らのセラピストになったりする義務は一切ありません。もし、今まさにそれで困っているというのなら、あなたは人がよすぎるのかもしれません。

「殉教者」タイプの人がエネルギーの使い方を間違えると、特に大変なことになります。彼らにとって大切なのは、周りの人たちに喜んでもらうことなので、自分の欲求は常に後回しになります。その結果、周りから「チョロい」存在と見なされ、軽く扱われることで、彼らの中には「十分に感謝されていない」、「不当な扱いを受けている」という怒りや恨みが募り、エネルギーが無駄に消費されてしまいます。

あるいは、自分が信じる「大義」に執着するタイプの「殉教者」であれば、自分の「聖戦」

にあまりにも多くのエネルギーを費やすので、もっと大切な仕事に使うためのエネルギーが足りなくなるという問題が発生します。「殉教者」であるということ自体が、エネルギーを吸いとる巨大なヒルになるのです。

戦略4：目標に向かう途上で敵に妨害されたら、その敵を管理しなければならない

あなたの現在地と、あなたの目標をつなぐ道について考えてみましょう。その道を塞いでいる人はいますか？　その人はわざとあなたを妨害しているのかもしれないし、あるいは無能すぎてあなたの足を引っぱっているのかもしれない。いずれにせよ、彼らに腹を立てるのも、エネルギーの無駄づかいの1つです。組織スキルの高い人は、大人の態度で敵を管理します。現在、敵の妨害で苦労している人は、次の質問について考えてみましょう。

◎敵への感情が目標達成の妨げになっていますか？

自分の邪魔をする人、難しい性格の人に対処するとき、怒りや恨みの感情にとらわれ、生産的な思考ができなくなってしまうことがよくあります。敵を倒すことが第一の目標になってし

まったら、元々の目標が何であれ、それを見失ってしまうのです。

◎現在の状況について「フレーミング」を行いましたか？

「フレーミング」とは心理学の用語で、状況を描写するときの枠組みをさしています。状況をどうとらえるかで、自分の行動も変わります。たとえば、敵との関係を「争い」とフレーミングすると、その争いに勝つことに集中することになります。その結果、あなたの態度もケンカ腰になり、事態がますます悪化してしまうかもしれません。しかし、ここでフレーミングを変え、「争い」ではなく「意見の違い」、「誤解」だと考えれば、協力関係が実現するような行動につながるかもしれません。

◎相手に悪意があるのはたしかですか？

テレパシーの能力を身につけたわけではないのなら、他人の心を読むことはできません。できるのは、ただ相手の言動を観察して、推察することだけです。あなたの敵が、あなたのアイデアをバカにしたり、情報をわたすのを拒否したり、約束を守らなかったり、あなたの努力を無にするようなことをしたりするのであれば、敵はおそらく、あなたを陥れ、失敗させようとしていると考えられます。

ただし、この結論を裏づけるたしかな証拠がないのなら、頭から疑ってかかるのはやめたほうがいいでしょう。もしかしたら、自分の目標で頭がいっぱいになっているだけで、わざとあなたに嫌がらせをしているわけではないのかもしれません。

◎相手の視点で考えましたか？

敵の動機を探る1つの方法は、彼らの悪意がありそうに見える態度にはどんな理由があるのか考えてみることです。彼らの「箱」の中から見える世界を想像してみましょう。彼らにとってのいちばん大切な目標は？　彼らは仕事の「成功」をどう定義している？　彼らは上司から何を期待されている？　彼らが直面している障害は？　あなたは何らかの形で彼らに迷惑をかけていますか？　あるいは、彼らの目標達成を妨害していますか？　彼らの視点で今の状況を眺め、自分が彼らにとってどんな存在か、この状況でどんな役割を果たしているのか考えます。

◎敵を仲間に「転向」させることは可能ですか？

敵に対してどんなに腹を立てていても、お互いに仲間になれる可能性は必ずあります。「ありえない！」と、あなたは叫ぶかもしれません。でも、こう考えてみてください。そもそもその人と敵対するようになったのは、一緒に働かなければならないからです。そして、一緒に働かなければならないのなら、最低でも1つは共通の目標があるということでしょう。共通の目標がある人は、どんな状況であっても仲間の候補です（彼らが「愚か者」や「背徳者」でないかぎり）。

仲間になる可能性を探るには、まず相手と話してみなければなりません。そのときに必要なのは、第一にお互いに過去ではなく未来に目を向けること、問題を解決することが目標だと合意することです。非難合戦は厳禁です！　そのうえで、次のステップで話し合いを進めてください。

❶ 共通の目的を定義する
❷ それぞれが自分の考えを話し、相手の話をきちんと聞く。ここで反論はしない
❸ 協力関係になれるような戦略について考える
❹ より効果的な協力関係を実現するために具体的なステップを決める

それでも相手が攻撃的な態度をやめなかったら、次の2つの質問について考えてください。

◎自分のレバレッジを高める必要がありますか？

敵からの協力を引き出すことができないなら、少なくとも敵の妨害は止めなければなりません。権力闘争が賢い行動であることはめったにありません。一方で、自分のレバレッジを高めるために行動するのであれば、それは賢い選択です。まず必要なのは、その敵との間のレバレッジ方程式を計算すること。その次に、自分のレバレッジを敵より大きくする方法を考えます。

◎敵を「抑止」するために必要なステップは他にありますか？

協力関係を目指す戦略も、自分のレバレッジを増やす戦略もうまくいかなかったら、もっと強い態度が必要になるかもしれません。間接的なアプローチがうまくいかない状況では、相手に向かってはっきり「邪魔をするのはやめてくれ」と要請する直接的なアプローチがうまくいくこともあります。お互いの職務内容、プロジェクトの境界線、それぞれの権限を確認することも助けになるかもしれません。

最終手段として、もっと地位の高い人に仲介に入ってもらうという方法もありますが、これは本当に万策尽きたときだけにしてください。上の人はこの種の争いに巻き込まれることを好まず、あなたに対しても「自力で問題解決ができない人物」という評価を下すかもしれません。それに上の人を巻き込むと、意図しない結果につながる可能性があります。

ここまでは1人の敵に対処する方法を見てきました。でも、敵が複数だったらどうでしょう？周りに敵しかいないような環境に、1人で放り込まれてしまったら？

この種の状況を2回以上経験したことがあるというのなら、まず自らをじっくりふり返る必要があります。もしかしたら、あなた自身が「愚か者」や「背徳者」のようにふるまっているのかもしれません。敵に囲まれるのは初めてだというのなら、環境自体が有害なのか、あるいは自分の働き方にまったく合わない環境だという可能性が考えられます。すぐに次の働き先を探し始めたほうがいいでしょう。

戦略5：欲しいものを手に入れるだけのレバレッジがないのなら、組織スキルを磨いてレバレッジを増やさなければならない

自分ひとりでは目標を達成できないのなら、他の人に自分が有利になるような意思決定をしてもらう必要があります。そこで考えるのは、彼らに対するレバレッジを増やすにはどうすればいいのか、ということです。

マネージャー職に就くことを目指しているなら、現在の上司、目指すポジションに就いたら上司になる人、さらに上位の管理職、人事部の担当者などに、マネージャーにふさわしいと思ってもらわなければなりません。彼らに「昇進にふさわしい人物」と思ってもらうために、何ができるでしょうか？

ここでカギになるのは、第8章に登場した4つの「P」です。それぞれが現在の状況にどうあてはまるか、考えてみましょう。

◎パワー分析（Power Assessment）

まず、昇進の決定でいちばん大きな力を持つ人たちを特定し、彼らとの間にあるレバレッジの方程式を計算します。とりあえず当面の目標を達成するには、彼らにどんな影響を与えれば自分の望む方向に動いてくれるでしょうか？　その逆で、自分のレバレッジが減少してしまうのはどんな状況でしょう？

たとえば、すでに何らかのリーダーになった経験があれば昇進の後押しになりますが、それだけではより経験も実績もあるライバルが出現するかもしれません。

◎パフォーマンス（Performance）

昇進を決める人たちから見て、あなたには必要な知識や経験がありますか？　これまでの仕事のうち、どれが昇進に関係あるでしょう？　ある特定の責任や仕事を引き受けることが、レバレッジ増加につながりますか？　セミナーやワークショップを受講するのはどうでしょう？　あるいは学位を取る？

委員会の議長やプロジェクト・リーダーを経験すれば、昇進への大きな足がかりになるでしょう。また、リーダーシップやマネジメントが学べるワークショップに参加することも、大きな効果が期待できます。

◎ パーセプション（Perception）

あなたの運命を決める人たちは、あなたに対してどんなイメージを抱いていますか？ そもそも、彼らはあなたを知っていますか？ もし知っているなら、あなたの仕事ぶりをどう評価していますか？ あなたの態度については？ 一緒に働きたい相手と思われていますか？ 彼らにいいイメージを与えるためにできることはありますか？

上層部から高く評価されていれば、昇進の可能性も高まります。もし存在すら知られていなかったら、昇進させるのはリスクが大きいという判断になるでしょう。問題ある従業員という評判だったら、昇進できないのはほぼ確実です。

◎ パートナーシップ（Partnerships）

目標達成のために誰の助けが必要ですか？ それらの人たちは、すでにあなたの仲間ですか？ それとも敵ですか？ 彼らのサポートを得るために何かできることはありますか？

昇進においても、同僚といい関係を築いていることが助けになります。上の人たちは、同僚とうまくやれない人を昇進させたがらないからです。それに加えて、人事部との間につながりをつくっておいたほうがいいでしょう。昇進の決定には、常に人事部の意見が参考にされるからです。

レバレッジの増加を目指すなら、会社のパワーエリートたちの価値観や好みにも特別な注意を払わなければなりません。彼らには、ほぼすべての決断で拒否権があるからです。

戦略６：今まで見てきたような問題が１つもないのなら、今すぐ前に進む！

この戦略は簡単です。組織内の立場は上々で、欲しいものははっきりしている。無駄なことにエネルギーを浪費せず、明らかな敵もいない。必要なレバレッジもある。それなのに、なぜまだ行動を起こしていないのですか？　怖いから？　めんどくさいから？　ただの惰性？　理由はどうであれ、とにかく動きましょう。具体的な行動計画を立て、あとは実行するだけです！

「やめる」「始める」「続ける」の行動基準をもとにプランを実行する

ゲームプランを実行に移すには、戦略から行動に頭を切り替えなければなりません。「**やめる**」「**始める**」「**続ける**」**という基準**で考えれば、大きな目標を具体的なステップに落とし込むことができます。ここでの目的は、次の３つを明らかにすることです。

❶ 現在やっていることの中で、目標達成の妨げになっている可能性のあるものは何ですか？ それらの態度や行動が、「やめる」のカテゴリーに入ります。

❷ どんな態度や行動を始めると目標達成に近づきますか？ それらが「始める」のカテゴリーに入ります。

❸ すでにやっていることの中で、目標達成のために大切なことは何ですか？ それらを「続ける」のカテゴリーに必ず入れてください。

以上の３つの質問に答えることで、具体的な行動プランを立てることができます。

次からは、具体的な例をあげて、この３つの質問について見ていきましょう。登場するのは、キャロリンとウォーレンという２人の人物です。２人の仕事のスタイルは違いますが、同僚になって5年の間、それなりにうまくやってきました。

ところが、ウォーレンがマネージャーに昇進すると、表面上は友好的な2人の間に亀裂《きれつ》が入りました。さらにウォーレンがチームを再編し、キャロリンに彼女が2年前までやっていた仕事を与えると、その亀裂が一気に表面化します。

キャロリンはすぐに、ウォーレンの上司に苦情を提出しました。その上司は数年前までキャロリンの上司だった人です。キャロリンは苦情の中で、ウォーレンには管理職の資質が欠けていると指摘し、いくつか辛辣なコメントを加えました。

◎キャロリンの視点

そもそもウォーレンはマネージャーになるべきではない。いい人だし、悪気はないのもわかるけれど、とにかく段取りが悪くてだらしない。事前に計画は立てないし、物事を最後まで考えないし、連絡もきちんとしない……。どれも管理職には欠かせない資質のはずだ。ウォーレンは会社のウェブサイトをいじっているばかりで、他の重要な仕事はほったらかしにしている。

それに加えて、私に自分の仕事を狙われているのではないかと警戒していると思う。だから私に情報を教えないし、意思決定からも完全に除外している。何か決定や変更があると、最後に知ることになるのはたいてい私だ。そもそも、それがチーム再編の狙いだったのではないか。

私を排除することが目的だった。私に昔の仕事を与えれば、私が仕事に飽き飽きして会社を辞めると期待しているのだろう。

私は苦情が多いタイプではないけれど、この問題だけは見すごすことができない。だから苦情を提出した。でも、むしろ私がトラブルメーカーと思われそうで、それが心配だ。

◎ウォーレンの視点

キャロリンにはイライラさせられることもあるけれど、それでも彼女の実力は信じている。彼女は頭がよくて、有能で、会社にとって価値のある存在だ。でも、彼女は細部にこだわりすぎで、部署内で起こっていることをすべて知っておかないと気がすまない。予期しない変化があると、すぐに冷静さを失ってしまう。何か計画外のことが起こるたびに、彼女はすごく不安になり、何度も私のオフィスにやって来て質問攻めにする。すべてを事前に計画するなんて不可能なのに、彼女はそれがわかっていない。

だから私は、彼女を昔の仕事に戻した。あの仕事なら予想外のことはそうそう起こらないから、彼女も安心できると考えた。私が彼女を追い出そうとしていると思われているようだが、それは違う。ただ落ち着いてもらいたいだけなんだ！

でも、上司への苦情は本当にやめてもらいたかった。２人は以前に上司と部下の関係だったので、キャロリンは私の上司のことを私よりもよく知っている。今の時点で、自分が上司からどこまで信用されているのか確信が持てない。

職場で起こる多くのドラマと同じように、ここには「ヒーロー」も「悪役」も存在しません。ただ2人の人間が、それぞれがまったく違う自分なりのやり方でいい仕事をしようとしているだけです。

ここで高度な組織スキルを発揮するには、2人とも未来に目を向ける必要があるでしょう。何らかの変化を起こさなければ、キャロリンは「問題児」になってしまう危険があり、ウォーレンは最初に就いた管理職の仕事で失敗してしまう危険があります。ここで協力することができれば、2人にとって利益になります。

次ページの表で、ウォーレンとキャロリンそれぞれにとって賢いゲームプランを見ていきましょう。

Figure
#026

ウォーレンのゲームプラン

やめること	・決定の影響を受ける部下を意思決定のプロセスから外すこと ・自分と話をしたがっているキャロリンを避けること ・ウェブサイトに時間を使いすぎること
始めること	・もっと計画に時間をかけること ・週に1度、部下と個別に会う時間をつくること ・キャロリンの現在の仕事を見直すこと ・自分に合ったマネジメント・ワークショップを探すこと ・ウェブサイトの仕事を部下に任せること
続けること	・週に1度上司に会い、部署の活動を報告すること

キャロリンのゲームプラン

やめること	・何か疑問があったらすぐにウォーレンのオフィスに駆け込むこと ・同僚にウォーレンの愚痴を言うこと ・ウォーレンの上司に苦情を言うこと
始めること	・職場の変化にもっと柔軟に対応すること ・ウォーレンと定期的に会うこと ・自分がやりたい仕事についてウォーレンと話すこと ・自分ばかり話すのではなく、人の話をよく聞くこと
続けること	・現在の仕事で最善を尽くすこと（たとえその仕事が退屈でも）

リーダーになるためには、常に高度な組織スキルを発揮するような態度や行動を身につけなければなりません。具体的なロードマップがあれば、組織の力関係の問題を解決し、重要な目標を達成できる可能性が高まります。自分が変えられることに意識を集中し、他の人が変わってくれることを夢想して時間を浪費するのをやめれば、あなたの組織スキルは向上し、自分の運命を自分で決められるようになるでしょう。

{実践}

1 自分のゲームプランを決めよう

・この章で見たフローチャートで自分の立ち位置を確認したら、自分にもっとも合った戦略は何かを考える。その戦略を実行するために、あなたは何をする必要がありますか？

・一般的な戦略から、自分だけのゲームプランを立てます。自分にとっての「やめること」「始めること」「続けること」は何かを考え、書き出しましょう。ここでは、「コミュニケーションを向上させる」というようなあいまいな表現ではなく、「同僚が彼らのプロジェクトの話をするときはきちんと聞く」のように、具体的な目標を決めてください。

・リストアップした「やめること」「始めること」「続けること」を定期的に見直し、自分の進捗状況を評価します。目標を達成した、あるいは状況が変化したら、ゲームプランを新しくして、リストも更新しましょう。

Epilogue おわりに

人間の性質のほとんどは、生まれつき、育った環境、そして学習によって決まります。組織で生きるためのスキルも例外ではありません。

私自身のことをふり返ると、自分にはある種の組織スキルが備わっていると気づいたのは、ある2つの出来事がきっかけでした。

最初の出来事が起こったのは、ノースカロライナ州チャペルヒルにある州政府の機関で地区マネージャーをしていたときのことです。ある日、自分のデスクに座り、新しい政策やプログラムを担当の部署に承認してもらう方法をあれこれ考えていたときに、成功への道はきわめてはっきりしていることに気づきました。

大切なのは、誰が意思決定に参加するべきか、彼らはどんな情報を必要としているか、彼らの誰と最初に話すべきか、といったことです。その瞬間、自分はこの種の状況をうまく切り抜けるコツを本能的に知っているようだと気づきました。何かを達成しなければならない状況になると、成功にいたるまでのロードマップが明確に頭に浮かんでくるのです。

2回目の出来事は、その数年後、アトランタにある大手テクノロジー会社の会議室で起こりました。そのとき私は人事ディレクターという肩書きで、部署の長である役員が率いるミーティングに参加していました。今でも思い出すのは、ビジネス上の問題について彼がまくし立てているのを聞きながら、この人は自分の不安や自信のなさをここまでおおっぴらに表に出してしまうのだと驚いたことです。

ミーティングの後で、自分が観察したことを何人かの同僚に話したところ、彼らはただぽかんとしていただけでした。彼らの目から見ると、その役員はまったく普通だったようです。それから2日後に、その役員が会社を去るという発表がありました。要するに解雇されたのです。この出来事でわかったのは、すべての人が感情のシグナルをキャッチするアンテナを持っているわけではないということでした。

私がこの能力を身につけられたのは、おそらく両親のおかげもあるでしょう。父親は政府機関の幹部で、地雷原のような政治の世界を無傷でわたりきる達人です。いつでも何かしらの人助けをしてきた母親は、人の気持ちを読む天才でした。

そんな両親の教えを、ここでみなさんにもお伝えしたいと思います。これらは、世の中を生きるうえで役に立つルールというだけでなく、組織スキルの大原則でもあります。

❶ 人と接するときは、常に正直で、倫理的に正しくあること

人々が小さな町に住み、顔なじみのご近所としか仕事をしなかった時代なら、不正直な商人

はすぐに悪い評判が広まり、商売ができなくなってしまったでしょう。それは現代も変わりません。評判が広まるまでに少し時間がかかるかもしれませんが、結果は同じです。嘘をつく人、悪いことをする人は、ビジネスでもっとも大切な「信用」を失ってしまうのです。

❷ 自分を信じる

あなたがあなたを信じないなら、他の誰が信じてくれるというのでしょう？　自信のない人たちは、その自信のなさを穴埋めするために、たいてい愚かな自滅行為に走ってしまいます。自信がない人は、あなたの強みを一緒に探してくれるような友人やメンター、セラピストを見つけましょう。あなたが親であるなら、自信は親が子どもに与えられるもっとも貴重な贈り物だということを忘れないでください。

❸ 自分の仕事を信じる

あなたがこの地球上ですごす時間の大半は、さまざまな仕事に費やされています。それらの活動に何らかの目的意識を見いだすことができれば、より幸せで、有意義な人生を送れるでしょう。意義のある仕事をするといっても、聖人のようなことをしたり、がんの治療法を発見したりする必要はありません。どんな仕事でも、何らかの形で社会に貢献しています。あなたはただ、自分が好きな仕事、得意な仕事で、その何かを見つければいいのです。

❹ 自分にできる最高の仕事をする

もしあなたが仕事で何か大きな成果を上げた人なら、ほとんどの人が自分とは違うことに驚くかもしれません。全力で仕事に取り組んでいるのは、ほんの一握りの人たちだけです。そうやって自分の意志で動ける人たちは、給料を払う人たちから大いに感謝されます。彼らはいつでも結果を出してくれるからです。

❺ 約束を守る

キャリアを台無しにするもっとも確実な方法は、あてにならない存在になることです。期日を守らない、スケジュールを崩す、必要な情報を提供しない、レポートの提出を忘れる、電話に折り返さない。仕事でもっとも嬉しい褒め言葉の1つは、「あなたはいつもあてになる」です。

❻ 付き合いやすい人になる

人間も研究室のラットとそうは変わりません。報酬がもらえる行動をくり返し、罰を与えられる行動は避ける。あなたと話すといつもイヤな気分になるのなら、誰もあなたと話さなくなるでしょう。このような状況で、成功したキャリアを維持するのはほぼ不可能です。

❼ すべての人に対して心からの敬意を持つ

ここでいちばん大切な言葉は「心からの」です。表向きは礼儀正しく、敬意を持って接していても、それが心からの敬意でなければ、相手は必ず気づきます。兄弟と私が子ども時代に学んだもっとも大切な教えは、「すべての人には価値がある」ということかもしれません。お金も、名声も、肩書きも関係ありません。本当に大切なのは、その人が自分の人生をどう生き、他の人たちに対してどのように接したかということです。

私の知るかぎり、無条件に、100パーセント「成功者」だと断言できる人はそれほど多くありませんが、彼らはみな、以上のような資質をすべて備えていました。だからぜひあなたも身につけることをおすすめします。

また、さまざまな人や場所に触れる経験は、あなたの視野を広げ、組織スキルの向上に貢献してくれるでしょう。持って生まれた性格や、育った環境は重要ですが、大人になってから組織スキルを身につけることは可能です。私は育った環境こそ恵まれていましたが、社会人になって最初の仕事でとんでもない失敗をしてしまいました。同僚で、上司の妻でもある人物を敵に回したのです。

それからさまざまな出来事を経験し、メンターたちと出会い、本を読み、ワークショップに参加して、人生経験を積んだ結果、今の私は組織の中でうまく立ち回れるようになりました。この本を書いたのは、組織の力学に関する基本をオープンに論じることによって、私が経験したような学習のプロセスをもっと短くできないかと考えたからです。

ほとんどの人は、友好的で協力的な環境の中で、意義深い仕事をしたいと思っているはずです。それなのに、優秀で、才能にあふれ、仕事に前向きな人たちでも、なぜか泥沼の権力闘争や人間関係のいざこざに巻き込まれてしまう。彼らが思考パターンを変えるか、あるいは違う態度を身につけることができれば、状況はたいてい改善します。

イギリスの政治家で文学者のジョゼフ・アディソン（1672～1719）は、「**幸せの偉大なる本質とは、することがあり、愛するものがあり、未来に希望があることだ**」という言葉を残しました。これは私がもっとも好きな言葉の1つです。仕事は、アディソンの言う幸せの本質の大きな部分を占めています。そして組織の力学は、避けることのできない仕事の一部です。あなたが組織の荒波を無事に泳ぎ切り、そして自分にとって大切な目標（それが何であれ）を達成することを願っています。

【推薦図書】

- ・アービンジャー・インスティチュート『自分の小さな「箱」から脱出する方法――人間関係のパターンを変えれば、うまくいく!』（金森重樹監修、冨永星訳、大和書房、2006年）
- ・ジョセフ・L・バダラッコ『静かなリーダーシップ』（高木晴夫監修、夏里尚子訳、翔泳社、2002年）
- ・スティーブン・R・コヴィー『完訳 7つの習慣』（フランクリン・コヴィー・ジャパン訳、キングベアー出版、2013年）
- ・シドニー・フィンケルシュタイン『名経営者が、なぜ失敗するのか?』（橋口寛監訳、酒井泰介訳、日経BP社、2004年）
- ・ダニエル・ゴールマン『EQ　こころの知能指数』（土屋京子訳、講談社、1996年）
- ・S・マッギンティ『ハーバード流「話す力」の伸ばし方!――仕事で120%の成果を出す最強の会話術』（内藤誼人訳、三笠書房、2003年）
- ・デボラ・タネン『どうして男は、そんな言い方　なんで女は、あんな話し方――男と女の会話スタイル9 to 5』（田丸美寿々、金子一雄訳、講談社、2001年）
- ・ジェームズ・ウォルドループ、ティモシー・バトラー『一緒に仕事をしたくない「あの人」の心理分析』（藤井留美訳、飛鳥新社、2002年）

[著者略歴]

マリー・マッキンタイヤー

ワークプレイス心理学者。自身のウェブサイト（www.yourofficecoach.com）を通じて国際的に活動するキャリアコーチ。拠点はアメリカだが、日本、オーストラリア、カナダ、韓国、イギリス、ケニア、インド、フランス、中国、その他多くの国や文化を背景に持つ多種多様なクライアントにコーチングを行う。フォーチュン 500 企業の人事ディレクターをはじめ、これまで公的機関と民間企業の両方で管理職を務めた経験がある。キャリアコーチとして、パナソニック、サンリオ、シスコ、グーグル、アマゾンをはじめとする多様な民間企業、および政府機関や NPO で働く人たちと一緒に仕事をしてきた。
自身のウェビナーでキャリアの成功戦略を教えるのに加え、大学でもマネジメントのセミナーを担当。職場の悩みに答えるコラム「あなたのオフィス・コーチ（Your Office Coach）」を 13 年間続け、本書の他に『マネジメントチーム・ハンドブック（The Management Team Handbook）』という著作がある。『ウォール・ストリート・ジャーナル』紙、『ニューヨーク・タイムズ』紙、『カナディアン・ビジネス』誌、『フォーチュン』誌など、さまざまなビジネス出版物でキャリアに関するアドバイスを執筆。

[翻訳者略歴]

桜田直美（さくらだ・なおみ）

翻訳家。早稲田大学第一文学部卒。訳書に、『アメリカの高校生が学んでいるお金の教科書』『アメリカの高校生が学んでいる投資の教科書』（共に、SB クリエイティブ）、『言語の力 「思考・価値観・感情」なぜ新しい言語を持つと世界が変わるのか?』（KADOKAWA）、『ロングゲーム 今、自分にとっていちばん意味のあることをするために』（ディスカヴァー・トゥエンティワン）、『世界最高のリーダーシップ 「個の力」を最大化し、組織を成功に向かわせる技術』（PHP 研究所）、『まっすぐ考える 考えた瞬間、最良の答えだけに向かう頭づくり』（サンマーク出版）などがある。

ポリティカル・スキル
人《ひと》と組織《そしき》を思《おも》い通《どお》りに動《うご》かす技術《ぎじゅつ》

2024年3月31日　初版第1刷発行
2024年5月15日　初版第2刷発行

著者　マリー・マッキンタイヤー
翻訳者　桜《さくら》田《だ》直《なお》美《み》

発行者　出井貴完
発行所　SBクリエイティブ株式会社
〒105-0001　東京都港区虎ノ門2-2-1
装幀・本文デザイン　加藤京子
編集協力　木下 衛
編集　小倉 碧・齋藤舞夕（SBクリエイティブ）
印刷・製本　中央精版印刷株式会社

本書をお読みになったご意見・ご感想を
下記URL、または左記QRコードよりお寄せください。
https://isbn2.sbcr.jp/24361/

ISBN 978-4-8156-2436-1